Martin Endreß

Alfred Schütz

W0365075

Klassiker der Wissenssoziologie
Herausgegeben von Bernt Schnettler

Band 3

Die Bände dieser Reihe wollen in das Werk von Wissenschaftlern einführen, die für die Wissenssoziologie – in einem breit verstandenen Sinne – von besonderer Relevanz sind. Dabei handelt es sich vornehmlich um Autoren, zu denen bislang keine oder kaum einführende Literatur vorliegt oder in denen die wissenssoziologische Bedeutung ihres Werkes keine angemessene Würdigung erfahren hat. Sie stellen keinesfalls einen Ersatz für die Lektüre der Originaltexte dar. Sie dienen aber dazu, die Rezeption und das Verständnis des Œuvres dieser Autoren zu erleichtern, indem sie dieses durch die notwendigen biografie- und werkgeschichtlichen Rahmungen kontextualisieren. Die Bücher der Reihe richten sich vornehmlich an eine Leserschaft, die sich zum ersten Mal mit dem Studium dieser Werke befassen will.

Bd. 1 »*Thomas Luckmann*« von Bernt Schnettler (ersch. 2006)
Bd. 2 »*Marcel Mauss*« von Stephan Moebius (ersch. 2006)
Bd. 3 »*Alfred Schütz*« von Martin Endreß (ersch. 2006)
Bd. 4 »*Anselm Strauss*« von Jörg Strübing (ersch. 2007)
Bd. 5 »*Robert E. Park*« von Gabriela Christmann (ersch. 2007)
Bd. 6 »*Erving Goffman*« von Jürgen Raab (ersch. 2007)
Bd. 7 »*Michel Foucault*« von Reiner Keller (ersch. 2007)
Bd. 8 »*Helmuth Plessner*« von Jochen Dreher (ersch. 2008)
Bd. 9 »*Karl Mannheim*« von Amalia Barboza (ersch. 2008)
Bd. 10 »*Harold Garfinkel*« von Dirk vom Lehn (ersch. 2009)
Bd. 11 »*Robert K. Merton*« von Ingo Schulz-Schaeffer (ersch. 2009)
Weitere Bände befinden sich in Vorbereitung.

Martin Endreß

Alfred Schütz

UVK Verlagsgesellschaft mbH

Bibliografische Information der Deutschen Nationalbibliothek
Die Deutsche Nationalbibliothek verzeichnet diese Publikation in der Deutschen Nationalbibliografie; detaillierte bibliografische Daten sind im Internet über <http://dnb.d-nb.de> abrufbar.

Das Werk einschließlich aller seiner Teile ist urheberrechtlich geschützt. Jede Verwertung außerhalb der engen Grenzen des Urheberrechtsgesetzes ist ohne Zustimmung des Verlages unzulässig und strafbar. Das gilt insbesondere für Vervielfältigungen, Übersetzungen, Mikroverfilmungen und die Einspeicherung und Verarbeitung in elektronischen Systemen.

ISSN 1860-8647
ISBN 13: 978-3-89669-547-5
ISBN 10: 3-89669-547-9

© UVK Verlagsgesellschaft mbH, Konstanz 2006
Einband: Susanne Weiß, Konstanz
Satz: Bernardo Fernández, Berlin
Druck: Rosch-Buch Druckerei GmbH, Scheßlitz

UVK Verlagsgesellschaft mbH
Schützenstr. 24 · D-78462 Konstanz
Tel. 07531-9053-0 · Fax 07531-9053-98
www.uvk.de

Inhalt

Einleitung

Die vorliegende Einführung bietet eine Orientierung über das Gesamtwerk von Alfred Schütz (1899-1959) unter besonderer Berücksichtigung des wissenssoziologischen Profils der von ihm begründeten Lebensweltanalyse.[1] Deren Entwicklung und Zuschnitt stehen unter dem Eindruck eines Lebens in erzwungener Emigration sowie einer nahezu zeitlebens durchgehaltenen außerakademischen Berufstätigkeit. Diese biografischen Konstellationen werden im ersten Kapitel geschildert.

Die beiden folgenden Kapitel geben eine Orientierung über die zentrale analytische Perspektive von Schütz' Werk sowie über die Grundlinien der Werkgenese. Dabei konzentriert sich Kapitel II auf eine Darstellung der klassischen philosophischen und sozialwissenschaftlichen Konzeptionen, die Schütz' Werk prägen, während sich Kapitel III der methodologischen Grundlegung sowie den das gesamte Werk formierenden Problemstellungen widmet: den Phänomenen der Zeit, des Wirkens und der Intersubjektivität.

Diese Problemstellungen prägen die zentralen Gedankengänge der beiden Hauptwerke von Schütz, die in den Kapiteln IV und V vorgestellt werden: einerseits die frühe Arbeit unter dem Titel *Der sinnhafte Aufbau der sozialen Welt* aus dem Jahr 1932, andererseits die nach Schütz' Tod von Thomas Luckmann in den 1960er- und 1970er-Jahren unternommene Ausarbeitung der

---

1 Die Ausführungen stützen sich teilweise auf eigene frühere Veröffentlichungen: Neben Endreß (1999, 2006) insbes. »Phänomenologisch angeleitete Vermittlung von verstehender Soziologie und begreifender Ökonomik: Alfred Schütz' handlungsanalytische Perspektive«, in: M. Gabriel (Hg.), *Paradigmen der akteurszentrierten Soziologie*, Wiesbaden: VS 2004 sowie »Die Einheit multipler Sinnordnungen in der sozialen Wirklichkeit«, in: M. Kaufmann (Hg.), *Wahn und Wirklichkeit – Multiple Realitäten*, Frankfurt a. M.: Lang 2003. Vgl. auch die mit Joachim Renn (Endreß & Renn 2004) und Ilja Srubar (in: Schütz 2003a) erarbeiteten Einleitungen zu Band II. und V.1 der *Alfred Schütz Werkausgabe*.

nachgelassenen Vorbereitungen für ein Werk unter dem Titel *Strukturen der Lebenswelt*. Die Darstellung der zentralen Argumentationsgänge dieser beiden Hauptwerke zur Grundlegung einer phänomenologisch fundierten verstehenden Soziologie erschließt diese als ein kontinuierliches Projekt. Mit Bezug auf den *Sinnhaften Aufbau* wird besonderes Gewicht auf die Unterscheidung der Ebenen von Schütz' Lebensweltanalyse sowie auf die Analyse des Fremdverstehens (Intersubjektivitätsproblematik) und die zeittheoretisch angelegte handlungsanalytische Konzeption gelegt. Demgegenüber stehen mit Blick auf die *Strukturen* die Gliederung der Lebenswelt sowie die Analysen ihrer Sinndifferenzierung und ihres Sinnzusammenhangs im Zentrum.

Diese Konturen von Schütz' Projekt einer phänomenologisch fundierten verstehenden Soziologie bilden die Grundlage für die Erörterung des wissenssoziologischen Profils von Schütz' Werk in den Kapiteln VI und VII. Sie bieten eine integrative Darstellung der über das Werk verstreuten Überlegungen zu diesem Kernthema und gliedern sich in eine Erörterung des Phänomens des Typischen, des hermeneutischem Grundverständnisses, der Relevanz-Thematik und der grundlegenden Strukturierungen des Wissens von der Lebenswelt. Das analytische Potenzial des wissenssoziologischen Beitrages wird schließlich anhand einiger elementarer wissenssoziologischer Typologien von Schütz dokumentiert.[2]

Abgerundet wird der Band durch Hinweise auf die Wirkungsgeschichte von Schütz' Werk und dessen Bedeutung für die aktuelle soziologische Theorie und Forschung.

2 Sämtliche Zitationsnachweise, die lediglich unter Angabe einer Jahreszahl oder von Jahres- und Seitenzahl erfolgen, verweisen auf diejenigen Werke von Schütz (engl. Schutz), auf Arbeiten in Ko-Autorenschaft oder auf publizierte Briefwechsel, die am Ende dieses Bandes in der Primärliteratur verzeichnet sind (vgl. S. 139f.). Zusätzlich zu der ausgewählten und kommentierten Sekundärliteratur (vgl. S. 140ff.), die im Text amerikanisch zitiert wird, sind in die Fußnoten weiterführende Literaturhinweise aufgenommen.

I Alfred Schütz: Leben und Werk – angesichts erzwungener Emigration

Das ›Werden‹ eines Klassikers ist selbst ein Stück Wissenssoziologie: Die Deutung eines Werkes als ›klassisch‹ und die Gewichtung seines Ranges verdanken sich immer auch veränderten Einschätzungen der Forschungslandschaft bzw. veränderten Beurteilungen der Relevanz der einem Forschungsfeld zuzuordnenden Autoren. Das gilt auch für die Soziologie. So wäre etwa in den frühen 1960er-Jahren die Aufnahme eines Bandes zu Alfred Schütz in die seinerzeit erscheinende Reihe »Masters of Sociological Thought« undenkbar gewesen. Erst in den späten 1960er-Jahren hat sich die Situation grundlegend verändert und es beginnt der Aufstieg von Schütz zu einem Klassiker der Disziplin. Die endgültige Aufnahme seines Werkes in den disziplinären Kanon ist dann wohl erst auf die 1990er-Jahre zu datieren.

Die beginnende Rezeption des Werkes von Schütz läuft dabei keineswegs zufällig parallel zu einer Wiederentdeckung des Werkes von Max Weber, auf dessen Arbeiten die deutschsprachige Soziologie erst nach einer Tagung anlässlich seines 100. Geburtstages im Jahr 1964 in Heidelberg wieder aufmerksam wurde. Flankiert durch Publikationen einer jüngeren Generation führte die Renaissance der Werke von Weber und Schütz einerseits zu einer kritischen Auseinandersetzung mit dem Werk von Talcott Parsons, das in den 1950er- und 1960er-Jahren eine anhaltende theoretische Dominanz behauptete. Andererseits führte diese Renaissance zu einer systematischen Neuorientierung soziologischer Theorie und Forschung – in Richtung einer handlungstheoretisch-hermeneutischen Grundlegung und qualitativ-angelegten empirischen Forschung.

Als charakteristisch für diese Neuorientierung ist – über die mit ihr einhergehende alltags- und wissenssoziologische Forschungsorientierung – zumeist eine ›mikrosoziologische‹ Wende angesehen worden. Das allerdings ist eine Wahrnehmung, die nur sehr bedingt das komplexe Profil des Werkes von Alfred Schütz auf den Begriff zu bringen vermag. Denn der von Schütz' Werk ausgehende Anstoß lässt sich keineswegs gleichsetzen mit einer Beschränkung des soziologischen Untersuchungsinteresses auf Handlungs- und Kommunikationszusammenhänge in kleinformatigen Interaktionskonstellationen. Vielmehr führt sein Werk einerseits zur Wiederbelebung der Aufmerksamkeit soziologischer Forschung auf die komplexe Wirklichkeit des Alltagslebens, andererseits zur Neuorientierung des wissenssoziologischen Forschungsinteresses auf die ganze Breite gerade auch des alltäglichen Wissens.

Die Resonanz, die Schütz' Werk erfährt, verdankt sich insbesondere dem Umstand der Ausschöpfung des analytischen Potenzials der von Edmund Husserl seit Beginn des 20. Jahrhunderts entwickelten phänomenologischen Philosophie für eine neuartige Analyse der Strukturen der sozialen Wirklichkeit. Im Kern geht es dieser Analyse um die Untersuchung der durch Handeln und Wissen erfolgenden Strukturierung sozialer Wirklichkeit – dafür steht der Titel einer Strukturanalyse der Lebenswelt. Eine Einführung in das Werk von Schütz als eines Klassikers der Wissenssoziologie gibt zugleich Gelegenheit, diesen für Schütz' soziologische Perspektive zentralen Aspekt der wissensförmigen Strukturierung sozialer Wirklichkeit zum Ausgangs- und Angelpunkt einer Orientierung über sein Werk zu machen.

Für eine Rekonstruktion des konzeptionellen Potenzials von Schütz' Werk ist vor allem eine Unterscheidung verschiedener *Stufen der Analyse* erforderlich: Von der sozialtheoretischen Grundlegung ist die gesellschaftsanalytische Analyse abzuheben. Schütz' Ansatz entfaltet als *Sozialtheorie* – in ›proto-soziologischer‹ Optik – die als (mehr oder weniger) universell gültig unterstellten, anthropologisch konzipierten Strukturen der Lebenswelt. In dieser quasi-anthropologischen Wendung sucht Schütz formale Strukturen der Konstitution menschlicher Sinnsetzungsprozesse zu klären. Insbesondere geht es in dieser Perspektive um die räumliche, zeitliche und soziale Strukturierung der Lebenswelt. Als primären Konstitutionsmechanismus bzw. als grundlegendes ›Generierungsprinzip‹ sozialer Wirklichkeit betrachtet Schütz dabei die Form wechselseitigen sozialen Handelns in der sozialen Wirklichkeit: das Wirken und die Wirkensbeziehungen.

Demgegenüber konzentriert sich Schütz' Ansatz – in soziologischer Perspektive – als *Gesellschaftsanalyse* auf die durch alltägliche, professionelle oder wissenschaftliche Typisierungen gesteuerten, also wissensbasierten Prozesse des Aufbaus institutionalisierter Handlungsmuster und sozialer Regelungsstrukturen. Den Kern seiner diesbezüglichen Analysen bildet also das Verhältnis von Handeln, Typik und Institutionalisierungsprozessen.

Die Unterscheidung dieser beiden Stufen der Theoriebildung ist für ein adäquates Verständnis des von Schütz entwickelten Theorieprogramms für die Soziologie ebenso zentral wie für den Nachweis des eigenständigen Profils seines Ansatzes gegenüber seinen wesentlichen Quellen. Dabei argumentiert Schütz im Prinzip auf beiden Reflexionsstufen in handlungsanalytischer Perspektive, auch wenn für die gesellschaftsanalytische Perspektive in seinem Werk nur wenige, wenn auch grundlegende Bausteine vorliegen.

Leben und Werk von Alfred Schütz stehen unter dem alles dominierenden Vorzeichen der erzwungenen Emigration als Folge der von den Nationalsozialisten aufgelösten staatlichen Souveränität Österreichs im Jahr 1938. Neben diesem jüdischen Schicksal ist es auch die nahezu lebenslange berufliche Doppelbelastung als Prokurist und Wissenschaftler, die der Biografie von Schütz ihre besondere Prägung verleiht:

Alfred Schütz wird am 13. April 1899 in Wien als Sohn jüdischer Eltern geboren.[1] Sein Vater, Alfred Schütz (1873-1899) stirbt noch vor der Geburt seines Sohnes, so dass seine Mutter, Johanna, geb. Fialla (1873-1955), wenige Jahre später dessen Bruder Otto Schütz (1874-1942) heiratet, der als Prokurist bei einer Privatbank tätig ist. Als einziges Kind dieser Familie wächst Alfred Schütz auf in der kulturell vielschichtigen, wenn auch durch ein anti-semitisches Klima gekennzeichneten Metropole Wien, der Residenzstadt der Donaumonarchie Österreich-Ungarn.[2] Im Zuge des I. Weltkriegs erwirbt Schütz Anfang 1917

1 Vgl. zur Biografie die Arbeit von Barber (2004), die sich auf die alltagspraktischen, familiären, beruflichen und wissenschaftlichen Konstellationen von Schütz' Leben konzentriert. Für eine als intellektuelle Biografie angelegte Orientierung über Schütz' Leben vgl. die Arbeit von Wagner (1983).

2 Die Auflösung der liberalen österreichischen Gesellschaft im Zuge des sich fortschreitend ausbreitenden Antisemitismus hat Arthur Schnitz-

vorzeitig sein Reifezeugnis (»Notmatura«) und meldet sich freiwillig zum Dienst in der k.u.k.-Armee. Als Fähnrich dient er dann zehn Monate lang bei einem »Schweren Artillerieregiment« an der italienischen Front, bevor ihm mit einem der letzten Züge wohl im November 1917 die Rückkehr nach Wien gelingt.

Diese Rückkehr ist eine Rückkehr in eine veränderte Welt. Sie ist von Stefan Zweig (1881-1942) als der Niedergang der ›Welt von Gestern‹ literarisch eindrücklich beschrieben wurde. Der Traum von einem durch ein gemeinsames Nationalgefühl getragenen Reich war verloren, Österreich mit seinem deutschsprachigen Teil auf einen kleinen Staat reduziert, Armut breitete sich in weiten Bevölkerungsteilen aus und Wien hatte den Rang einer der großen Metropolen des Kontinents verloren.

Nach Kriegsende nimmt Schütz 1918 an der Universität Wien ein rechts- und sozialwissenschaftliches Studium auf. Zu seinen Lehrern gehören u.a. die Ökonomen Friedrich von Wieser (1851-1926) und Ludwig von Mises (1881-1973), der Rechtstheoretiker Hans Kelsen (1881-1973) sowie der dem sog. ›Wiener Kreis‹ nahe stehende Philosoph Felix Kaufmann (1895-1949)[3]. Im Juni und Oktober 1921 legt Schütz die staatswissenschaftlichen und juristischen Staatsprüfungen sowie Rigorosa ab und erwirbt den akademischen Grad eines Doktors der Jurisprudenz.[4] Bereits im September 1921 tritt er seine erste Stellung als »Sekretär« bei der »Bankenvereinigung« in Wien an, einem Zusammenschluss Wiener Mittel- und Kleinbanken. Parallel zu dieser beruflichen Tätigkeit besucht Schütz bis zum Wintersemester 1922/23 Vorlesungen an der Staatswissenschaftlichen Fakultät der Wiener Universität. So beginnt in diesen Jahren Schütz' legendäres ›Doppelleben‹: tagsüber als Finanzjurist, nachts und an den Wochenenden als Wissenschaft-

---

ler (1862-1931) in seinem Roman *Der Weg ins Freie* von 1908 plastisch geschildert.

3 Vgl. zu Schütz' Verhältnis zu Kaufmann auch dessen Rede anlässlich der Trauerfeier von Kaufmanns Tod: »Felix Kaufmann 1895-1949«, in: *Social Research* 17, 1950: 1-7; vgl. auch den Abdruck der ursprünglichen Rede in Schutz (1996: 134-139).

4 Die Promotion erfolgte – den damaligen Konventionen entsprechend – ohne die Vorlage einer schriftlichen Arbeit.

ler.[5] Diese beruflichen Belastungen, die Schütz sich kontinuierlich bis 1952 zumutet, werden nicht nur seinem Leben ein frühzeitiges Ende setzen. Der permanente Zeitmangel schränkt zudem seine wissenschaftlichen Arbeits- und Publikationsmöglichkeiten erheblich ein und führt letztlich auch dazu, dass Schütz eine geplante systematische Darstellung seines Werkes nicht abschließen kann.

In den Wiener Anfangsjahren geht Schütz seinen intellektuellen Interessen vornehmlich im Rahmen seiner regelmäßigen Teilnahme am Privatseminar von Ludwig von Mises[6] sowie am sog. ›Geist-Kreis‹ nach – zwei der vielen intellektuellen Zirkel im Wien der Zwischenkriegszeit.[7] Die intellektuelle Atmosphäre sowohl im ›Mises-Kreis‹ als auch im ›Geist-Kreis‹, der u. a. von Friedrich August von Hayek (1899-1992) gegründet wurde, zeichnete sich durch eine ausgeprägte interdisziplinäre Orientierung aus. So durften die Mitglieder im ›Geist-Kreis‹ ausschließlich über solche Themen referieren, die jenseits ihrer eigentlichen Profession lagen. Eine Konstellation, die es Schütz ermöglichte, beispielsweise über Musik, über den Witz oder auch über das philosophische Problem der Relevanz zu sprechen. Aus diesem Engagement resultieren für Schütz lebenslange Freundschaften vor allem zu Erich Vögelin (später: Eric Voegelin) (1901-1985; vgl. Schütz & Voegelin 2004) und Fritz Machlup (1902-1983).

Beruflich verändert sich Schütz 1924 durch einen Wechsel in die Rechtsabteilung des Wiener Bankhauses »Kompaß« und im

---

5 So schreibt Schütz noch 1940 an seinen Freund Gurwitsch: »Bei Nacht bin ich Phänomenologe, aber bei Tag Beamter« (Schütz & Gurwitsch 1985: 67).

6 Legendär aus diesem Kreis sind die Lieder Felix Kaufmanns: vgl. Felix Kaufmann, *Wiener Lieder zu Philosophie und Ökonomie*, hg. v. G. v. Haberler & E. Helmstädter, Stuttgart, Jena, New York: G. Fischer 1992.

7 Mises gründete sein Privatseminar 1920. Seitdem traf sich in der Zeit von Oktober bis Juli alle zwei Wochen ab 19 Uhr ein Kreis von 20 bis 25 Studierenden in seinem Büro in der Handelskammer. Nach 22 Uhr ging es dann mit dem engeren Kreis in das italienische Restaurant »Ancora verde« in der Grünangergasse 10, wo die Diskussionen bis in die Nacht hinein fortgesetzt wurden. Der ›Geist-Kreis‹ traf sich zwischen 1921 und 1938 einmal monatlich in den Räumlichkeiten jeweils eines seiner Mitglieder und wies eine hohe personelle Übereinstimmung mit dem Mises-Seminar auf.

September 1927 durch den Eintritt als Prokurist in das Bankhaus »Reitler & Co.«, bei dessen Nachfolge- und Partnerinstituten er bis zum Ausscheiden aus diesem Berufsleben 1952 ununterbrochen tätig ist. Nach ihrer Verlobung 1924 heiraten Alfred Schütz und Ilse Heim (1902-1990) im März 1926.[8] Aus dieser Verbindung gehen zwei Kinder hervor: 1933 wird die Tochter Eva Elisabeth (Evelyn) und 1938 der Sohn Franz Georg (George) geboren. Hält man sich die wenigen biografischen Dokumente aus diesen Jahren vor Augen, dann wird man insgesamt zu dem Schluss kommen können, dass dies weitgehend unbeschwerte gemeinsame Jahre für Schütz und seine Frau waren. Durchaus im Sinne des von Stefan Zweig in seinen Erinnerungen rückblickend formulierten Eindrucks: »Von heute aus gesehen, stellt das knappe Jahrzehnt zwischen 1924 und 1933, vom Ende der deutschen Inflation bis zur Machtergreifung Hitlers trotz allem und allem eine Pause dar in der Aufeinanderfolge von Katastrophen, deren Zeuge und Opfer unsere Generation seit 1914 gewesen ist.«[9]

Ab Mitte der 1920er-Jahre arbeitet Schütz mit zunehmender Intensität an der Entwicklung einer eigenen theoretischen Perspektive. Im Anschluss an die grundlegende Bestimmung Max Webers (1864-1920), die verstehende Soziologie habe es mit sozialem Handeln zu tun, »insofern als der oder die Handelnden mit ihm einen subjektiven Sinn verbinden«, steht für Schütz die Analyse dieser sozialen Sinnsetzungsprozesse im Zentrum der Aufmerksamkeit. In den frühen Manuskripten sucht er deren Ausarbeitung zunächst im Anschluss an die pragmatisch orientierte Lebensphilosophie von Henri Bergson (1859-1941) zu realisieren.[10] Später, seit Ende der 1920er-Jahre, ist es die durch Felix

---

8 Für eine Würdigung vgl. Lester Embree, »In Memoriam Ilse Schutz (1902-1990)«, in: *Human Studies* 14, 1991: 219-224.

9 Vgl. *Die Welt von Gestern. Erinnerungen eines Europäers* (zuerst posthum 1944 in Stockholm), Frankfurt a. M.: Fischer 1970: 361.

10 Bergson war im Wien der Zeit nach dem I. Weltkrieg ein viel gelesener Autor. Vgl. zu Schütz' Bergson-Rezeption die Einleitung von Ilja Srubar zu dem Band mit Schütz' frühen Studien (Schütz 1981: 11-76) sowie die Studie von Helmut R. Wagner (with Ilja Srubar), *A Bergsonian Bridge to Phenomenological Psychology*, Lanham, London: CARP & University Press of America 1984.

Kaufmann angeregte und wesentlich auch mit ihm gemeinsam bestrittene Lektüre zentraler Werke der Phänomenologie Edmund Husserls (1859-1938), die Schütz den Weg zur Konzeption und Fertigstellung seines frühen Hauptwerkes *Der sinnhafte Aufbau der sozialen Welt* eröffnet (vgl. Kap. V). Wie schon im Manuskript zu den »Lebensformen« von 1927 (Schütz 2006) sind auch in diesem zum Klassiker gewordenen Hauptwerk von 1932 (Schütz 2004a) bereits alle späteren Themen von Schütz präsent. Das gilt insbesondere für die Analyse des Handelns und die pragmatische Grundlage menschlichen Sinnverstehens, für den Aufweis der Gliederung der Lebenswelt, des sprachlich strukturierten Aufbaus der Welt, die typische Struktur des Wissens, die Bedeutung von Relevanzen, für die Analyse des Verhältnisses von Alltag und Wissenschaft sowie für den idealtypischen Charakter soziologischer Begriffe. Schütz' Werk zeichnet sich somit in besonderem Maße durch die Kontinuität der darin behandelten Problemstellungen und die im Blick auf diese verfolgten Lösungsansätze aus.

Schütz' Hauptwerk *Der sinnhafte Aufbau der sozialen Welt* erscheint im April 1932.[11] Und bereits im Juni 1932 führt die Zusendung eines Exemplars dieser Arbeit an Edmund Husserl zu einem ersten mehrtägigen Besuch von Schütz bei diesem in Freiburg.[12] In den folgenden Jahren sucht Schütz im Zuge seiner Geschäftsreisen Husserl regelmäßig auf; letztmalig am 21. Dezember 1937 nur wenige Monate vor dessen Tod.

---

11 Vgl. für knappe Orientierungen die Beiträge von Ilja Srubar (in: Sven Papcke & Georg W. Oesterdiekhoff (Hg.), *Schlüsselwerke der Soziologie*, Wiesbaden: Westdeutscher Verlag 2001: 439-442) und Martin Endreß (in: Dirk Kaesler & Ludgera Vogt (Hg.), *Hauptwerke der Soziologie*, Stuttgart: Kröner 2000: 372-378).

12 Husserl muss von diesem Besuch durchaus beeindruckt gewesen sein, veranlasst er daraufhin doch seinen Mitarbeiter Eugen Fink, Schütz das deutsche Originalmanuskript der *Cartesianischen Meditationen* zu übersenden, zu dessen mehrfacher Abschrift sich Schütz während seines Besuches bereit erklärt hatte. Im August und September 1932 fertigt Schütz insgesamt fünf Abschriften an, die Husserl per Post am 16. September erhält. Vgl. Karl Schuhmann, *Husserl-Chronik. Denk- und Lebensweg Edmund Husserls*. Den Haag: Nijhoff 1977: 413ff.

Obwohl der *Sinnhafte Aufbau* unmittelbar nach seinem Erscheinen einige bemerkenswerte Besprechungen erfährt, bleibt eine nachhaltige Wirkung dieses Werkes bis in die 1960er-Jahre aus. Erst als sich seit Mitte der 1960er-Jahre eine zunehmende Kritik an der die Diskussion dominierenden Theorie von Parsons' artikuliert, eine erste Schülergeneration von Schütz das akademische Feld betritt und 1967 eine englische Übersetzung des *Sinnhaften Aufbaus* erscheint, werden seine Arbeiten zum Ausgangspunkt einer handlungstheoretischen und hermeneutischen Wende in der Soziologie. Solchermaßen bildet dann bis in die Gegenwart die im *Sinnhaften Aufbau* entworfene Lebensweltanalyse den Bezugspunkt einer vielfältigen handlungstheoretisch-orientierten soziologischen Theoriebildung und einer qualitativ ausgerichteten empirischen Sozialforschung.

Während des deutschen Einmarsches in Österreich im März 1938 und dessen am 11. März proklamierten »Anschlusses« an das »Dritte Reich« hält Schütz sich geschäftlich in Paris auf. Er wohnt bei Aron und Alice (Raja) Gurwitsch (1901-1973 bzw. 1899-1996), und beide legen ihm aufgrund seiner jüdischen Herkunft nahe, nicht nach Wien zurückzukehren. Stattdessen gelingt es seiner Frau Ilse, mit den beiden Kindern nur wenig später Österreich ebenfalls zu verlassen und nach Paris zu kommen. In dieser gemeinsamen Pariser Zeit entwickelt sich die lebenslange Freundschaft mit Aron Gurwitsch (vgl. Schütz & Gurwitsch 1985). Darüber hinaus lernt Schütz in Paris u. a. mit Paul Ludwig Landsberg, Jean Wahl, Maurice Merleau-Ponty und Raymond Aron weitere bedeutende Phänomenologen und Soziologen der Zeit kennen.

Dieses erste Exil ab März 1938 dauert sechzehn Monate. Von Beginn an nicht unmittelbar als Zwischenstation angesehen, sind es nicht zuletzt die beruflichen Notwendigkeiten, die Schütz relativ umgehend eine weitere Emigration in die Vereinigten Staaten vorsehen lassen. Kurz vor Ausbruch des Zweiten Weltkrieges siedelt die Familie deshalb am 14. Juli 1939 in die USA nach New York über, wo sie am 22. Juli mit dem Schiff ankommt.

In den Vereinigten Staaten findet Schütz schnell Anschluss an den kleinen Kreis amerikanischer Phänomenologen um Marvin Farber (1901-1980) und Dorion Cairns (1901-1972), die er beide bereits vom Freiburger Husserl-Kreis kennt. Konsequenterweise beteiligt er sich Ende 1939 an der Gründung der *International Phenomenological Society* und wird Mitglied ihres *Council* sowie 1940 Mitglied des ›Editorial Board‹ der von der Gesellschaft neu gegründeten Zeitschrift *Philosophy and Phenomenological Research.*[13] Zugleich arbeitet Schütz daran, sich die in den USA in jener Zeit aktuellen soziologischen und philosophischen Debatten zu erschließen.[14] Neben phänomenologischen Themen, methodologischen Beiträgen und dem Pragmatismus zuzurechnenden Autoren gilt seine besondere Aufmerksamkeit hier zunächst der Theorie von Talcott Parsons (1902-1979).

Über Parsons' große Studie *The Structure of Social Action* (1935) bereitet er auf Bitten des ihm seit der Wiener Zeit bekannten F. A. Hayek eine Rezension vor. Die im April 1940 zunächst mündlich anlässlich eines Vortrages von Schütz im Parsons-Schumpeter-Seminar an der *Harvard University* in Cambridge bei Boston aufgenommene, bis ins Jahr 1941 dann schriftlich fortgeführte Diskussion bricht jedoch unvermittelt ab (vgl. Schütz & Parsons 1977). Ein Bruch, der Schütz' Werk vom damaligen *mainstream* des soziologischen Denkens ab- und die Rezeptionschancen seiner Arbeiten langfristig massiv beschnitt.

Neben seiner hauptberuflichen Tätigkeit gelingt es Schütz in den USA auch, im akademischen Milieu Fuß zu fassen. So kann er ab 1943 zunächst als ›Lecturer‹ für Soziologie eine Lehrtätigkeit an der 1933 von Alvin Johnson für europäische Exilanten gegründeten ›Graduate Faculty‹ der *New School for Social Research* in New York

13 Als deren Herausgeber fungiert seit ihrer Gründung mehrere Jahrzehnte Marvin Farber, dem Schütz ebenso intensiv wie kontinuierlich beratend und begutachtend zur Seite steht.

14 So hält Schütz bereits im April 1940 an der *Harvard University* in Cambridge, Mass. einen Vortrag über ›The Problem of Rationality in the Social World‹ (Abdruck der Rede in 1996: 6-24, vgl. die deutsche Übersetzung der Druckfassung von 1943 in 1972: 22-50). Und auf dem ›Fortieth Annual Meeting of the Eastern Division of the American Philosophical Association‹ vom 26.-28. Dezember 1940 in Philadelphia präsentiert sich Schütz erstmals den amerikanischen Philosophen mit einem Vortrag über William James (vgl. 2005: 37ff.). Schütz referierte hier am 27.12. in der ›Phenomenology‹-Sektion neben Marvin Farber, Dorion Cairns und Herbert Spiegelberg (1904-1990) (vgl. den Abdruck des Programms in: *Journal of Philosophy* 37, 1940: 698-700).

aufnehmen und so eine erste institutionelle Anbindung realisieren (zur Geschichte dieser Institution vgl. Rutkoff & Scott 1986). 1944 wird Schütz an der *New School* zum Visiting Professor und 1952 zum Full Professor für »Sociology and Social Psychology« ernannt. Ab 1956 teilt er seine Lehrtätigkeit zwischen dem ›Philosophy Department‹ und dem ›Sociology Department‹ der *New School* auf.

Damit schließt sich auf institutioneller Ebene ein Kreis, der durch die unmittelbare Verschränkung philosophischen Denkens mit soziologischer Forschung von Beginn an Schütz' Weg kennzeichnet.[15] Diese Verbindung von philosophischen Orientierungen mit soziologisch-theoretischen Interessen bildet eine durchaus typische Konstellation für die Gründergeneration der Soziologie.

Schütz' Lehrtätigkeit an der *New School* in New York ist jenseits der Notwendigkeit, unter extrem beschränkten zeitlichen Ressourcen ein turnusmäßiges Pflichtprogramm zu entwickeln, geprägt von Veranstaltungen, in denen er sich systematisch Themenfelder widmet, die sich als Verlängerung von im Zuge des *Sinnhaften Aufbaus* entwickelten Fragestellungen deuten lassen.[16] Auch wenn Schütz im engeren Sinne an einer Schulenbildung keinerlei Interesse hat, so bildet sich doch ein seine Veranstaltungen regelmäßig besuchender und über diese hinaus mit ihm intensiv diskutierender Kreis, zum dem auch Thomas Luckmann (*1927), Peter L. Berger (*1929) und Maurice Natanson (1924-1994) gehören. Maurice Natanson bekennt in einem im Jahr 1993, also bereits lange nach Schütz' Tod geführten Interview: »I wouldn't be, in a sense, who I am, without the experience of the New School – and that means, centrally, the experience of Schutz.

---

15 So hält Schütz auf einem im Nachlass befindlichen Zettel Mitte Juni 1956 während seiner Teilnahme an der ›Conference on Science, Philosophy & Religion‹ fest: »What to do with a fellow who is both a social scientist and a philosopher.« Und schon 1945 befürchtet Schütz in einem Brief an Fritz Machlup vom 17. September, dass sein soeben fertig gestellte Manuskript über »Choice and Decision« für Philosophen zu sozialwissenschaftlich und für Soziologen zu philosophisch sei, und schließt: »Es ist halt ein Kreuz!« (Sozialwissenschaftliches Archiv Konstanz, Schütz-Nachlass, Korrespondenz Schütz-Machlup).

16 Vgl. die Liste der von Schütz gehaltenen Lehrveranstaltungen bei Barber (2004: 231f.).

I took all his courses; the courses I couldn't take I audited. Everything he ever gave.« Und er fährt fort: »My meeting with Schutz [strikes me]: it was something that has made me myself. [...] Schutz [...] had a lasting, absolute influence on me.«[17]

Hält man sich die geschilderten Konstellationen vor Augen, so wird ungeachtet der in ihrer Bedeutung kaum zu überschätzenden Emigrationserfahrung mit allen ihren Folgen doch zugleich deutlich, dass Schütz unter den europäischen Emigranten eher eine Ausnahme bildet. Er verfügt nicht nur über eine außerakademische berufliche Position, die es ihm ermöglicht, seinen angestammten Tätigkeitsbereich im Bankbereich im Exil beizubehalten, sondern es gelingt ihm zudem der im damaligen deutschsprachigen Raum aufgrund seiner jüdischen Herkunft im Prinzip ausgeschlossene Aufstieg in einem zweiten beruflichen, dem akademischen Feld. Darüber hinaus ziehen sich zwei weitere, angesichts der erzwungenen Emigration keineswegs selbstverständliche Kontinuitätslinien durch Schütz' Leben. Denn neben den in der Emigration fortbestehenden Freundschaften zu anderen Emigranten wie Eric Voegelin, Aaron Gurwitsch, Gottfried Haberler, Fritz Machlup und Emmanuel Winternitz, gibt es für Schütz noch einen wichtigen Brückenschlag. Haben für ihn in Europa Autoren vorrangige Bedeutung, die einer von der Philosophie des Pragmatismus beeinflussten Grundorientierung zuzurechnen sind, (wie Henri Bergson und Max Scheler), so findet er in den USA unmittelbaren Anschluss an die ausgeprägte pragmatistische Tradition der amerikanischen Philosophie der 1940er-Jahre bei William James (1842-1910) und John Dewey (1859-1952) sowie an entsprechende Orientierungen in der Soziologie bei George Herbert Mead (1863-1931), Charles H. Cooley (1864-1929) und William I. Thomas (1863-1947).

Hinsichtlich des Schütz' Analyse des sinnhaften Aufbau der sozialen Welt leitenden Motivs einer pragmatischen Grundorientierung lässt sich somit ohne Frage – entgegen einer in der Schütz-Rezeption immer wieder behaupteten Aufspaltung des kognitiven

17 Vgl. »A Conversation with Maurice Natanson«, in: Steven Galt Crowell (Ed.), *The Prism of the Self. Philosophical Essays in Honor of Maurice Natanson*, Dordrecht, Boston, London: Kluwer 1995: 289-334, hier: 300, 304, 327.

Profils seines Ansatzes in eine Wiener und eine New Yorker Periode (so jüngst erneut Hanke 2002: 12) – von *der* Kontinuitätslinie seines Werkes sprechen. Folgerichtig kann von einer Zweiteilung des Werkes in eine europäische und eine amerikanische Phase keine Rede sein. Vielmehr tritt umgekehrt die erstaunliche Kontinuität der Werkentwicklung vor Augen.

Schütz' letzte Lebensjahre sind von einer Ausweitung seines Engagements an der *New School* ebenso geprägt wie von der intensiven interdisziplinären und politisch orientierten Arbeit im Rahmen des organisatorischen Rahmens des *Institute of Ethics.*[18] Eine Europareise vom 18. April bis 4. Mai 1957 findet ihren intellektuellen Höhepunkt in der Teilnahme am international besetzten ›Colloque de Royament‹ bei Paris vom 23-30. April. Hier hält Schütz seinen bahnbrechenden Vortrag zur Kritik von Husserls Lösung des Intersubjektivitätsproblems (vgl. 1971b: 86-126), über dessen persönliche Bedeutung seine Formulierung in einem Brief an Gurwitsch vom 15. März beredten Ausdruck gibt: »Ich *musste* mir zwanzig Jahre Nachdenken von der Seele schreiben« (Schütz & Gurwitsch 1985: 400).

Unmittelbar nach seiner Rückkehr in die Vereinigten Staaten wird Schütz erstmals mit ernsten Anzeichen seiner Erkrankung konfrontiert. »Ich habe mich«, schreibt er an Gurwitsch am 6. Juni 1957, »einer anstrengenden Injektionskur zu unterziehen, weil mein Blut nicht rot genug ist« (Schütz & Gurwitsch 1985: 405). Seine letzte Europareise unternimmt Schütz gemeinsam mit seiner Frau Ilse von Anfang Juni bis Mitte September 1958 zu einem Sommerurlaub in der Steiermark mit abschließender Teilnahme am Internationalen Philosophie Kongress in Venedig vom 8.-11. September. Die Erkrankung schränkt Schütz' Arbeitsmöglichkeiten nunmehr bereits soweit ein, dass er seine für den ›Fall Term‹ angekündigten Lehrveranstaltungen an der *New School* nicht mehr abhalten kann.

Unter dem Eindruck seines Gesundheitszustandes konzentriert Schütz seine verbleibenden Kräfte auf den Versuch, die ihn im Zuge seiner dreißigjährigen Forschungstätigkeit bewegenden Problemstel-

18 Vgl. dazu Lester Embree, »The Ethical-Political Side of Schutz: His Contributions at the 1956 Institute on Ethics concerned with Barriers to Equality of Opportunity«, in: ders., (1999: 235-318).

lungen in systematischer Weise zu bearbeiten. Auf diese Weise entstehen zwischen August und November 1958 umfangreiche Skizzen und Notizen zu den Aspekten seines Werkes, von denen Schütz angesichts seiner Erkrankung überzeugt ist, sie nicht mehr selbst in geschlossener Form beenden zu können.[19] So hinterlässt Schütz in Gestalt einer Kompositionspartitur die Gliederungssystematik für ein abschließend geplantes Hauptwerk, das den Titel *Strukturen der Lebenswelt* tragen soll sowie fünf insgesamt ca. 400 Seiten starke Notizbücher mit Stichworten und ausformulierten Passagen unterschiedlichster Bearbeitungsintensität (1984: 213ff.). Deren Ausarbeitung zu einer geschlossenen Darstellung wird auf Bitten von Ilse Schütz nach dem Tod ihres Mannes in einem langjährigen Arbeitsprozess von Thomas Luckmann[20] übernommen (vgl. 2003c). Alfred Schütz selbst stirbt am 20. Mai 1959 in New York.

Leben und Werk eines Autors stehen zumeist in intimen Verbindungen zueinander, die sich typischerweise erst aufgrund einer vertieften Kenntnis biografischer Konstellationen, des familiären Hintergrundes, der Freundschafts- und Bekanntschaftsnetzwerke sowie der beruflichen Rahmenbedingungen erschließen lassen. Auch wenn sich also selbstverständlich weder die analytische Perspektive eines Werkes noch dessen inhaltliche Schwerpunkte aus der Lebenserfahrung des Autors einfach ableiten lassen, so ist umgekehrt doch ebenso selbstverständlich davon auszugehen, dass die Lebenserfahrung eines Autors ihren Niederschlag in den Themen und Problemstellungen seines Werkes findet. Mit Blick auf Schütz' Werk sind es insbesondere einige seiner kleineren materialen soziologischen Studien, die einen Zusammenhang zwischen biografisch-historischen Konstellationen und theoretisch-systematischen Argumentationen zu erkennen geben. Fünf Aspekte sind hier von besonderer Bedeutung:

---

19 Vgl. zu Schütz' Gesundheitszustand u. a. seine diesbezüglichen Mitteilungen an Gurwitsch vom 6.6.1957, 3.10.1957, 20.12.1958 und 16.5.1959, in: Schütz & Gurwitsch (1985: 405, 413, 450, 467f.) sowie seine Briefe an Voegelin vom 26.6.1957, 6.5.1958 und insbes. vom 4.4.1959, in: Schütz & Voegelin (2004: 537, 550, 577).

20 Vgl. zu Thomas Luckmann den in dieser Reihe von Bernt Schnettler erschienenen Band (2006: bes. 76ff.).

(1) Die von Schütz in seinem Aufsatz über den »Fremden« aus dem Jahr 1944 (1972: 53-69) skizzierte Situation reflektiert seine zweifache Erfahrung der Emigration – zunächst von Österreich nach Frankreich, dann von dort in die USA.[21] In gewisser Weise bleibt eine solche Erfahrung für Schütz über viele Jahr für das wissenschaftliche Milieu prägend, dem er aufgrund seiner jüdischen Abstammung in Wien grundsätzlich nur als Außenseiter angehörte und in das er in den Vereinigten Staaten dann über einen kontinuierlich sich vertiefenden institutionellen Anbindungsprozess erst mehr und mehr hineinwächst. Die für die Situation des Fremden charakteristische Situation eines auf Dauer gestellten interaktiven Annäherungsprozesses an die für das jeweils fremde Milieu typische selbstverständliche Welterfahrung und -deutung war für Schütz somit jahrelang eine seinen Alltag markant prägende Erfahrung.

(2) In seiner Studie über den »Heimkehrer« von 1945 (1972: 70-84) kann Schütz unmittelbar an seine Erfahrung der Rückkehr von der oberitalienischen Front nach Wien gegen Ende des I. Weltkrieges anknüpfen wie er zugleich als Zeitgenosse die Eingliederungsschwierigkeiten der von ihren Einsätzen im II. Weltkrieg in Europa und Asien zurückkehrenden US-Soldaten erlebt. Die wissenssoziologisch angelegte Analyse des Annäherungsprozesses des Heimkehrers nach einer (längeren) Interaktionspause mit den Daheimgebliebenen dokumentiert anschaulich Schütz'

21 Letztlich hat Schütz die mit der Übersiedlung in die Vereinigten Staaten einhergehende, schon seine erste USA-Reise von März bis Juni 1937 prägende Fremdheitserfahrung niemals wirklich abgelegt. So schreibt er noch am 6. Mai 1958 an Eric Voegelin: »Die gesamte Atmosphäre in diesem Land wird von Tag zu Tag bedrückender, nicht so sehr politisch und wirtschaftlich, als was die Behandlung geistiger Probleme anbelangt« (Schütz & Voegelin 2004: 549). Von einiger Bedeutung dürfte in diesem Zusammenhang die Verarbeitung der Amerika-Erfahrung seines Freundes Eric Voegelin in dessen Arbeit *Über die Form des amerikanischen Geistes* (Tübingen: Mohr 1928) gewesen sein. Vgl. dazu die Darstellung über ›Die Erfahrung des Politischen: Voegelin und die amerikanische Demokratie‹, in: Hans-Jörg Sigwart, *Das Politische und die Wissenschaft. Intellektuell-biographische Studien zum Frühwerk Eric Voegelins*. Würzburg: Königshausen & Neumann 2005: 21-96.

soziale Sensibilität, die er nicht zuletzt dem Aufwachsen in einem multikulturellen Staat, der k.u.k.-Monarchie, mit ihren gravierenden sozialen Problemen, politischen Friktionen und ihrem anti-semitischen Klima verdankt (vgl. Barber 2004: 10f.). Vergleichbare Erfahrungen macht Schütz nicht zuletzt im Rahmen seiner zahlreichen beruflich bedingten Europareisen nach Ende des II. Weltkrieges.

(3) Schütz' wissenssoziologische Studie unter dem Titel »Der gut informierte Bürger« aus dem Jahr 1946 (1972: 85-101), die diesem Typus eine idealtypische Zwischenstellung zwischen dem ›Mann-auf-der-Straße‹ und dem ›Experten‹ zurechnet, kann ebenso auf mehrere Momente von Schütz' Biografie bezogen werden. Experte als Finanzjurist und akademischer Lehrer ist Schütz zugleich kundiger Ratgeber in finanziellen Fragen und Ausreise-Angelegenheiten für Familienmitglieder und Freunde. Darüber hinaus unterstützt er sowohl die *New School* als auch die beiden institutionellen Projekte (Gesellschaft und Zeitschrift) der amerikanischen Phänomenologen, wie er auch eine Funktion als Gutachter für Fragen des Wiederaufbaus insbes. des Finanzsektors besonders im deutschsprachigen Raum der Nachkriegszeit übernimmt.[22] In allen diesen Hinsichten ist Schütz' als jemand gefragt,

22 Um die Mitte des II. Weltkrieges wird Schütz – nach seiner 1942 erfolgten Einbürgerung – zum ›Senior Consultant des Board of Economic Warfare‹ bestellt, wie er Gurwitsch im Brief vom 1. Oktober 1943 mitteilt (vgl. Schütz & Gurwitsch 1985: 125). Er habe, so Schütz, in dieser Funktion »für Washington eine Reihe von Memoranda zu schreiben« (ebd.). Diese Tätigkeit wird u. a. bestätigt durch zwei Schreiben: So bedankt sich Rifat Tirana, ein Freund Gottfried Haberlers, in einem Brief vom 12. Mai 1943 für den Eingang eines »memorandum on saving banks in Germany« und am 9. Oktober desselben Jahres bestätigt Irene B. Opton den Eingang eines Briefes mit »memoranda« von Schütz. Eines dieser Memoranden dürfte die auf September 1943 datierte Ausarbeitung »Agricultural Credit in Germany« gewesen sein (vgl. dazu den Bericht von Richard Grathoff »Über das Wirken und die Wirklichkeit des Geldes bei Alfred Schütz«, in: A. Bäumer & M. Benedikt (Hg.), *Gelehrtenrepublik – Lebenswelt. Edmund Husserl und Alfred Schütz in der Krisis der phänomenologischen Bewegung*. Wien: Passagen 1993: 327-334). Neben diesem Memorandum über das landwirtschaftliche Kreditwesen und demje-

dessen breit gefächerte Kompetenzen, vielfältige institutionelle Einbindungen und ebenso kundiges wie unbeirrbares Einlassen auf konkrete Problemsituationen es ihm ermöglichen, als informierter Zeitgenosse Rat und Unterstützung zu geben.

(4) Ein weiteres, von Schütz unmittelbar wissenssoziologisch behandeltes Problem ist das der »Gleichheit« in ihrer Bedeutung für die »Sinnstruktur der sozialen Welt« (1972: 203-256). Diese Arbeit aus dem Jahr 1957 reflektiert letztlich auch eigene Erfahrungen der Ungleichbehandlung im Zuge erzwungener Aus- wie Einwanderung ebenso wie sie der Erfahrung von Problemen multikulturellen Zusammenlebens in den 1940er- und 1950er-Jahren in den Vereinigten Staaten geschuldet ist. Erfahrungen, die für Schütz relativ unmittelbar an seinen multikulturellen Wiener Erfahrungsraum vor dem I. Weltkrieg anschlossen. Eine Erfahrungskonstellation, die ihren analytischen Ausdruck in der Untersuchung der Differenzen der Sinnstrukturen, der Relevanzen und Deutungsmuster von Eigen- und Fremdgruppen findet.

(5) Den Zusammenhang von Lebenserfahrung und theoretischer Reflexion am unmittelbarsten dokumentieren wohl schließlich Schütz' Beiträge und umfassende nachgelassene Textpartien zu einer Phänomenologie der musikalischen Erfahrung (1972: 129-173, 1981: 279-316, 1996: 243-276). Selbst ein geradezu begnadeter Klavierspieler hat Schütz nicht zuletzt seinem schon in frühen Jahren stark sehbehinderten Sohn die Musik nahe gebracht und ihn das Klavierspielen gelehrt.[23]

---

nigen über die Sparkassen hat Schütz offenkundig noch weitere Memoranden vorgelegt, die sich aber bis zum gegenwärtigen Zeitpunkt nicht nachweisen ließen (vgl. Nachlass, Beinecke Library, Yale University, New Haven, USA: GEN MSS 129, Box 30, Folder 820-824).

23 Die Bedeutung seiner musikalischen Praxis für seine theoretischen Analysen illustriert Schütz schön in einem Brief an Gurwitsch vom 4. Dezember 1952, in dem er bekennt, es zu lieben, »phänomenologische Probleme an den Sachverhalten der Musik und der menschlichen Handlung in der Sozialsphäre durchzudenken« (Schütz & Gurwitsch 1985: 306). Deutlich greifbar wird die Bedeutung der Musik, insbesondere Mozarts für Schütz in seiner von Maurice Natanson (1986: xiv) überlieferten Formulierung: »In the twenties, it was me and Mozart. In the thirties, it was Mozart and me. Now in the fifties, it is only Mozart.«

In theoretischer Hinsicht sind die Musik und insbesondere das Phänomen gemeinsamen Musizierens für Schütz deshalb von herausgehobener systematischer Bedeutung, weil sie in besonders eindringlicher Weise das Zeitproblem und damit das Problem der temporalen Konstitution von Intersubjektivität zu veranschaulichen vermögen. Im Zentrum stehen hier Fragen des Verstehens nicht-sprachlicher Ausdrucksformen und des Entstehens von Sinnstrukturen. So erklärt Schütz gegen Ende seines 1956 veröffentlichten Aufsatzes über »Mozart und die Philosophen«: »Ich vermute, dass Mozarts Hauptthema [...] das metaphysische Mysterium der Existenz eines menschlichen Universums der reinen Sozialität, die Erforschung der mannigfaltigen Formen ist, in denen der Mensch seinem Mitmenschen begegnet und Wissen über ihn erlangt. Die Begegnung von Mensch zu Mensch in einer menschlichen Welt ist Mozarts Hauptthema. Dies erklärt die große Humanität seiner Kunst« (1972: 172f.).

II Prägungen und intellektuelle Einflüsse

Schütz' Biografie vollzieht sich mit Blick auf seine Familie, seine Freundschaften sowie seine außerwissenschaftliche wie auch seine wissenschaftliche Berufstätigkeit in drei Sprachräumen: im deutschsprachigen, im französischsprachigen sowie im englischsprachigen Raum. Abgesehen von seiner deutschsprachigen Herkunft pflegt Schütz' zeitlebens – also durchaus unabhängig von den Monaten des Pariser Exils – eine Vorliebe für die französische Kultur und Sprache.

Eine Orientierung auf Arbeiten insbesondere von französischen Philosophen zieht sich entsprechend durch Schütz' Werk. Schon früh gilt dies für seine – allerdings durchaus zeitgeist-typische – Aufnahme des Denkens von Henri Bergson.[1] Sie gilt darüber hinaus aber auch für diejenige intellektuelle Strömung, die das so genannte »Neue Denken« in den 1930er-Jahren in Frankreich bestimmte. Für diese ist ein Verständnis der menschlichen Wirklichkeit als eine leibliche, endliche, fragmentierte und zudem von jedem tragenden Grund entkoppelte und somit zur Wahl gezwungene Existenz charakteristisch. Ausgehend von der Idee der Kontingenz, der Unverfügbarkeit dieses körperlichen Daseins, fasst sie den Menschen als grundsätzlich gegenüber den Bedingungen seiner Existenz immer schon Zu-spät-Kommenden. Impulse verdankt dieses Denken nicht zuletzt der Philosophie Martin Heideggers (1889-1976), der das menschliche Wesen unter dem Titel des »Daseins« als nicht fraglos und selbstverständlich (›natürlich‹) in seinem »Sein« ruhend, sondern als eine sich immer in prekärer Lage befindliche Existenz begreift, die stets ihren

1 So erklärt Schütz in einer nachgelassenen Tonbandaufzeichnung aus dem Jahr 1958 über seine intellektuelle Orientierung gegen Mitte der 1920er-Jahre: »Allerdings beeindruckte mich die Philosophie Bergsons stark: Ich war überzeugt, daß seine Analyse der Struktur des Bewußtseins, besonders aber der inneren Zeit, als Ausgangspunkt für eine Interpretation der ungeklärten Grundbegriffe der Sozialwissenschaften benützt werden könnten – vor allem für die Begriffe ›Sinn‹, ›Handlung‹, ›Erwartung‹, hauptsächlich jedoch für den der ›Intersubjektivität‹« (1971b: 10).

Bezug zum Sein entwerfen, wählen und bewirken muss. Wichtig werden für Schütz von den französischsprachigen Autoren insbesondere Maurice Merleau-Ponty (1908-1961) und Jean-Paul Sartre (1905-1980). Deren Spuren in seinem Werk bleiben gleichwohl bescheiden. Während sich Schütz mit der Intersubjektivitätstheorie in Sartres *Das Sein und das Nichts* von 1943 gesondert auseinander setzt (2005: 117ff.), finden sich zu Merleau-Ponty und dessen Untersuchung zur *Phänomenologie der Wahrnehmung* von 1945 lediglich verstreute Hinweise (2003b: 97ff.; 2004b: 143, 212ff.). Und das gilt auch für das Werk des französischen Philosophen François Pierre Maine de Biran (1766-1824).[2]

Seine aus der Wiener Zeit stammenden Vorkenntnisse der amerikanischen soziologischen wie philosophischen Diskussionslandschaft erweitert Schütz im Laufe der Jahre seines US-amerikanischen Exils systematisch. Hingewiesen wurde in diesem Zusammenhang bereits auf die Kontinuitätslinie, die in Schütz' Werk mit Blick auf die Bedeutung des pragmatischen Motivs für die Analyse der Sinnstrukturen der sozialen Wirklichkeit auszumachen ist. Entsprechend ziehen sich Bezüge auf Aspekte der Werke von G. H. Mead, W. James und J. Dewey durch Schütz' Arbeiten der 1940er- und 1950er-Jahre.

Ungeachtet dieser Anknüpfungspunkte und Kontinuitätslinien kann Schütz jedoch nicht in dem Sinne als Pragmatist gelten, dass er den Geltungsanspruch soziologischer Typisierungen nutzenkalkulatorisch an ihre Effektivität für die Lösung praktischer Probleme binden würde. Seine Vorbehalte richten sich stets gegen jede empiristische Auflösung begrifflicher Voraussetzungen der Soziologie, wie er sie in der »behavioristischen Grundposition« von G. H. Mead identifiziert (2003a: 192, 198f.). Entscheidend ist, dass Schütz nach dem Vorbild Husserls das Problem der Geltung soziologischer Analysen – ebenso wie auch Weber – als ein Problem der »Evidenz« begreift. Danach gelten wissenschaftliche Aussagen dann, wenn sich Prognosen erfüllen, die aufgrund von

2 In diesem Zusammenhang werden sowohl der Freund Aron Gurwitsch als auch Gottfried Wilhelm Leibniz, dessen Schriften, insbesondere dessen *Nouveaux Essais* Schütz im französischen Original studierte, nicht zum Kreis französischer Autoren gerechnet.

Verallgemeinerungen retrospektiv gewonnener Typisierungen vorgenommen wurden.

Zu weiteren amerikanischen Autoren, mit deren Werk Schütz sich intensiv beschäftigt, gehört – auch nach dem abgebrochenen frühen Kontakt – Talcott Parsons, insbesondere dessen große Arbeiten *The Social System* von 1951 und die ebenfalls 1951 mit Edward Shils verfasste Studie *Toward a General Theory of Action.* Ebenso bezieht Schütz sich regelmäßig auf das Werk von Alfred North Whitehead (1861-1947), insbesondere auf dessen *Prozess und Realität* von 1929 und *Wissenschaft und moderne Welt* von 1926, sowie auf George Santayana (1863-1952) und dessen Werke *Realms of Being* von 1942 und *Dominations and Powers* von 1951.[3]

Die multilinguale Komponente (später tritt das Spanische hinzu, Griechisch und Latein beherrschten Angehörige von Schütz' Generation selbstverständlich) wird bei Schütz flankiert von einer ausgeprägt interdisziplinären Orientierung.[4] Das intellektuelle Klima der ersten Jahrzehnte des 20. Jahrhunderts verweist ihn konzeptionell immer schon auf eine grundlagentheoretische Verbindung von Philosophie und Soziologie.

Eine entsprechende interdisziplinäre Konstellation ist auch für die Entstehung von Schütz' Werk charakteristisch. Dieses entfaltet sich im Rahmen eines Reflexionsdreiecks: in philosophischer Hinsicht besonders in Auseinandersetzung mit der Phänomenologie Edmund Husserls, in soziologischer Hinsicht ganz wesentlich über den Anschluss an Max Webers verstehende Soziologie und in ökonomischer Perspektive vornehmlich unter Bezug auf die praxeologische Wirtschaftstheorie von Ludwig von Mises. In produktiver Aufnahme, Kritik und Umwandlung konzeptioneller Anregungen dieser drei Autoren entsteht das spezifische Profil von Schütz' Lebensweltanalyse. Es sind theoretisch zentrale Übereinstimmungen jeweils zweier dieser Autoren gegenüber dem jeweils dritten sowie die Berücksichtigung ihrer jeweiligen Gegenthesen, die Schütz im Rahmen seines Ansatzes zu synthetisieren vermag.

---

3 Vgl. dazu Schütz' Aufsatz aus dem Jahr 1952 »Santayana über Gesellschaft und Regierung« (1972: 174-202).

4 Wobei bereits die Verwendung dieses Begriffs eine disziplinär stark differenzierte Wissenschaftslandschaft voraussetzt, die so zu Beginn des 20. Jahrhunderts noch in keiner Weise ausgeprägt war.

Diese Synthese ermöglicht es ihm, eine jedem seiner Referenzautoren gegenüber eigenständige theoretische Perspektive und zugleich eigenständige Form der Theoriebildung zu realisieren.

Schütz' systematische Leistung liegt also in einem produktiven Überschreiten der Grenzen von Webers empirischer Soziologie, Mises' apriorischer Praxeologie und Husserls transzendentaler Phänomenologie.[5] Jeder Ansatz einer Darstellung des theoretischen Profils von Schütz' Werk, der dessen nicht unmittelbar durchgehaltene Kontinuität mit seinen Vorlagen kritisch vermerkt, geht somit systematisch an der emergenten Gestalt der von ihm entwickelten theoretischen Perspektive vorbei.[6]

Dieses originäre Profil von Schütz' Lebensweltanalyse lässt sich auf die Formel eines unmittelbaren wechselseitigen Verstehens- und Erklärungszusammenhangs von ›Wirklichkeit‹, ›Wissen‹ und ›Handeln‹ bringen: Soziale Wirklichkeit erschließt sich dem alltäglichen wie wissenschaftlichen Verstehen über die Analyse von Sinnstrukturen, die die in der Sozialwelt Lebenden aufgrund des ihnen verfügbaren Wissens im Rahmen ihres Handelns erzeugen.

Anschluss an die Wiener Ökonomik

Schütz' Ansatz zur Analyse der Sinnstrukturen der sozialen Wirklichkeit ist wesentlich von seiner Auseinandersetzung mit der Österreichischen Grenznutzenschule geprägt; sie hat durch diesen

---

5 Für eine systematische Darstellung der handlungstheoretischen Grundlagen von Schütz' Werk sowie eine Auseinandersetzung mit deren Rational-Choice-Lesart vgl. M. Endreß, »Phänomenologisch angeleitete Vermittlung von ›verstehender‹ Soziologie und ›begreifender‹ Ökonomik: Alfred Schütz' handlungsanalytische Perspektive«, in: Manfred Gabriel (Hg.), *Paradigmen der akteurszentrierten Soziologie*. Wiesbaden: VS 2004: 223-260.

6 Insofern es Schütz gelingt, aus dem produktiven Aufeinanderbeziehen der Beiträge von Weber, Mises und Husserl eine gegenüber diesen emergente Theoriestruktur zu realisieren, kann auch von einer rein additiv verstandenen »Fundierung« Webers nicht die Rede sein. Schütz' multidisziplinärer Zugriff führt zu einer produktiven Umdeutung Webers – wie auch Mises' und Husserls. Rein philologische Fragen der jeweiligen Werktreue sind entsprechend als sekundär zu betrachten.

disziplinären wie theoretischen Hintergrund entscheidende Anregungen und ihre spezifische konzeptionelle Ausrichtung erhalten. So sind einige der zentralen Dimensionen, in denen Schütz nach einer Lösung seiner Fundierungsfrage der verstehenden Soziologie wie auch nach der Grundlegung einer soziologischen Handlungsanalytik sucht, orientiert an den Problemstellungen und Konzeptualisierungen der für ihn besonders durch Ludwig von Mises repräsentierten Fassung der Wiener Ökonomik. Anhand der Beiträge von Mises lassen sich die – ihrerseits auch über eine Auseinandersetzung mit der Soziologie Webers gewonnenen – Kerngedanken der »Österreicher« (so Max Weber) skizzieren und ihrer spezifisch gewendeten Aufnahme in Schütz' Werk gegenüber stellen.[7]

Von besonderer Bedeutung sind dabei sechs Gesichtspunkte von Mises' Konzeption, die sich insgesamt auf Webers Bestimmung der Soziologie als einer Wissenschaft beziehen, die es mit sozialem Handeln und der Analyse subjektiv gemeinten Sinns zu tun hat. Diese Gesichtspunkte beziehen sich auf: (1) den handlungstheoretischen Zugriff bzw. methodologischen Individualismus, (2) die Zeitlichkeit, (3) die subjektive Wertlehre und das Prinzip des Wählens, (4) Analyse der Sinnstrukturen der Handlungswirklichkeit, (5) die Nicht-Erfassbarkeit des subjektiv gemeinten Sinns sowie (6) die Apriorität der Analyse.

Erstens: Konstitutiv ist für die Wiener Ökonomik ein handlungstheoretischer Zugriff, der »›pragmatisch‹ fundiert«,[8] d. h. an

---

7 Bezug genommen wird nachfolgend auf folgende Arbeiten von Ludwig von Mises: *Grundprobleme der Nationalökonomie. Untersuchungen über Verfahren, Aufgaben und Inhalt der Wirtschafts- und Gesellschaftslehre* (Jena: G. Fischer 1933) sowie auf *Nationalökonomie. Theorie des Handelns und des Wirtschaftens* (Genf: Editions Union 1940). Dabei kann auch auf nach der Veröffentlichung des *Sinnhaften Aufbaus* publizierte Schriften von Mises zurückgegriffen werden, insofern deren Kerngedanken bereits vor dessen Abfassung präsent waren und zudem legitimerweise unterstellt werden kann, dass Schütz durch seine jahrelange Teilnahme an Mises' Privatseminar mit den zentralen Argumentationslinien seines Lehrers über das bis zu diesem Zeitpunkt publizierte Maß hinaus vertraut gewesen ist.

8 So Webers Bestimmung im Aufsatz »Die Grenznutzenlehre und das ›psychophysische Grundgesetz‹« von 1908 (in: ders., *Gesammelte Aufsätze*

den Kategorien von Mittel und Zweck orientiert ist: »Der Ausgangspunkt unseres Denkens«, so Mises (1933: 22), »ist nicht die Wirtschaft, sondern das Wirtschaften, d.i. das Handeln«. Und »Handeln«, so Mises (1940: 11) weiter, »ist bewusstes Verhalten. [...] Handeln ist [...] sinnhafte Antwort des Subjekts [...] auf die Gegebenheiten der Welt und des Lebens«. Dieser Zugriff impliziert eine Absage an die Verwendung von Kollektivbegriffen und führt zur Propagierung eines methodologischen Individualismus: »Wir gehen«, so Mises (1933: 41), »in der Wissenschaft vom Handeln des Einzelnen aus, weil wir nur dieses unmittelbar zu erkennen vermögen. [...] Im Handeln des Einzelnen muß alles Gesellschaftliche irgendwie erkennbar sein. [...] Jedes gesellschaftliche Gebilde wirkt in einem bestimmt gerichteten Handeln Einzelner«.

Schütz schließt sich dieser Auffassung an (1977: 64, 67f.) und folgt damit der Perspektive des für Weber und Mises leitenden methodologischen Individualismus mit seiner Absage an einen verdinglichenden Gebrauch von Kollektivbegriffen. Er erweitert diesen Ansatz jedoch um eine Analyse der Motivstrukturen des Handelns: Durch die Unterscheidung von (zukunftsbezogenen, den Vollzug des Handelns konstituierenden) Um-zu-Motiven und (vergangenheitsbezogenen, die Ursachen des Handelns einholenden) Weil-Motiven des Handelns radikalisiert er sowohl den zeittheoretischen Zuschnitt der Handlungsanalyse, wie er zugleich den grundsätzlich intersubjektiven Charakter der sozialen Welt betont.[9]

Zweitens: Aus der – mit Carl Menger vollzogenen – handlungstheoretischen Wende folgt, Zeitlichkeit als konstitutives Element des Handelns und sozialer Prozesse zu begreifen. Es sei, so Mises, eine »Zeitpräferenz-Theorie« zu entwickeln, derzufolge Menschen gegenwärtig verfügbare Güter höher bewerten als zukünftig in Aussicht gestellte: »Soweit wir das Handeln [...] von Menschen, die mit der Zeit haushalten, weil es für sie von Bedeutung ist, ob

---

zur Wissenschaftslehre, hg. v. Johannes Winckelmann, Tübingen: Mohr [7]1988: 396), die von Mises empathisch bejaht wird (1940: 93).

9 Für eine Analyse der Differenzen zwischen Mises und Schütz hinsichtlich der Fragen des Handlungsantriebs, des Wahlhandelns und der Abgrenzung des ökonomischen Gegenstandsbereichs vgl. Thomas Eberle, »Die deskriptive Analyse der Ökonomie durch Alfred Schütz«, in: List & Srubar (1988: bes. 84-104).

sie früher oder später einen angestrebten Zustand erreichen, in Betracht ziehen, haben wir notwendig all das diesem Handeln zuzuschreiben, was sich notwendig aus der kategorialen Bedingung ›Zeit‹ ergibt« (1933: 23f.; 1940: bes. 76ff.).

Wie Mises deutet auch Schütz das Sinnproblem als ein Zeitproblem (2004a: 93). Er spitzt diese Einsicht jedoch nicht nur auf die Frage des Wahlhandelns zu, sondern zeigt, dass selbst die Erfahrungsmuster in den Akten des Zeitbewusstseins entstehen, in denen sich sowohl Handlungsentwürfe als auch Motivationszusammenhänge aufbauen (2004a: 148ff.). Entsprechend erweitert Schütz Mises' Ansatz um eine Analyse der Entwurfsstruktur des Handelns und zieht daraus die Konsequenz einer ausschließlich *ex post* möglichen Bestimmung der Einheit einer Handlung. »Zeitlichkeit« wird damit im Werk von Schütz zur grundlegenden Dimension der Konstitution von Sinn.

Drittens: Mises führt die konstitutive Bedeutung von Wahlakten auf die Prinzipien einer subjektiven Wertlehre. Die Schwierigkeiten der Ökonomen, die Relativität der Preise wirtschaftlicher Güter zu erklären, verweisen Mises zufolge darauf, dass der Wert eines Gutes nicht durch ausschließliche Berücksichtigung der Produktionskosten bestimmt werden kann. Vielmehr verdankt sich seine Bewertung einer auf dieses Gut bezogenen Person. Es ist demnach die Beziehung eines Konsumenten zum Objekt seines Begehrens, die den Wert dieses Objekts konstituiert: »Im Begriffe des Handelns«, so Mises (1933: 22f.), »sind notwendigerweise mitgedacht [...] die Begriffe Werte, Rangordnung und Wichtigkeit, Knappheit und Überfluß, Vorteil und Nachteil, Erfolg, Gewinn und Verlust«. Damit wird die konstitutive Bedeutung der Wahlakte für Mises' Ansatz deutlich, denn »nur in einem kann Handeln konsequent (im praxeologischen Sinne) sein: im Vorziehen des Wichtigeren vor dem Wenigerwichtigen. Wenn die Wertungen sich ändern, muss sich auch das Handeln ändern« (1940: 82f.). Mises zufolge ist seine Praxeologie deshalb »eine Lehre [...], die das Wesen des Handelns im Vorziehen und Zurückstellen erblickt und auf dieser Erkenntnis alles Weitere aufbaut« (1940: 92 und 14-16, 72-74).

Schütz schließt sich dieser subjektiven Wende für die Forschungsperspektive der Sozialwissenschaften an. Danach ist im

Rekurs auf den subjektiven Sinn, den Handelnde mit ihrem Handeln verbinden, das Spezifikum sozialer Phänomene und zugleich das Charakteristikum des »Gegenstandsbereichs« der Soziologie zu sehen. Schütz erweitert aber die Analyse des Wahlhandelns durch eine Untersuchung der Frage, wodurch und wie »Dinge« überhaupt zur Wahl stehen, d. h. er erörtert zugleich das Problem der Genese von Relevanzen. Gerade diese Frage nach der Ausbildung von Prioritäten im Handeln verweist für Schütz auf das zentrale Problem der Relevanz, das für ihn bei Mises in der Bestimmung des Handelns als »ziel- und zweckbewußtes Sichbenehmen«, in der Entwicklung der »Zeitpräferenz-Theorie« und in der die Kategorien »Rangordnung und Wichtigkeit« herausstellenden subjektiven Wertlehre aufscheint.

Viertens: Als adäquate Methode der Untersuchung der das Wählen leitenden Wertbezüge gilt Mises das Prinzip der ›Interpretativität‹. Für die sich als Sozialwissenschaft verstehende Ökonomie sind die Gegenstände des Handelns aufgrund der Bedeutung wichtig, die diese für Menschen in ihrem Handeln haben. Es stellt sich für sie also die Aufgabe der Bedeutungs- bzw. Sinnanalyse: Insofern Handeln als »sinnhafte Antwort des Subjekts« zu deuten ist (1940: 11), muss man, »um den Sinn des Handelns der Mitmenschen zu erfassen, [...] auch den Sinn der Zielsetzungen und der Beweggründe dieser Zielsetzungen erfassen. [...] Das Verstehen ist das Erfassen des Sinns, den die handelnden Menschen mit ihren Zielsetzungen verbinden« (1940: 52; insges. 51-56).

Entsprechend konzipiert Schütz Soziologie als Sinnanalyse. Insofern es »Aufgabe« der Soziologie ist, »das ›Selbstverständliche‹ in Frage zu stellen«, muss sie sich den »Sinnsetzungs- und Sinndeutungsakten« zuwenden, in denen sich »das Sinngefüge der sozialen Welt« aufbaut (2004a: 88f., 2004b: 285). Die »Strukturverhältnisse des sinnhaften Aufbaus der sozialen Welt methodisch zu untersuchen, ihre Fundierungszusammenhänge zu enthüllen und die einzelnen Schichten gegeneinander abzugrenzen« wird damit für Schütz »zur dringlichsten Aufgabe einer Theorie der Sozialwissenschaften« (2004a: 90).

Fünftens stehen die Prinzipien der subjektiven Wertlehre und einer interpretativ ausgerichteten Sinnanalyse nicht in Konflikt mit der angestrebten Wissenschaftlichkeit, sondern führen zur

Einsicht in die prinzipielle Unmöglichkeit der Erfassung des subjektiv gemeinten Sinns. Von den »subjektiven Werten« ist also Mises zufolge gleichwohl eine »objektive Wissenschaft« möglich: »Die Wissenschaft kann das Leben«, so Mises (1933: 44, 45; erg. 1940: bes. 14-16, 56-60), »nicht unmittelbar erfassen; was sie in ihr Begriffssystem einfängt, ist immer von anderer Beschaffenheit als Lebendiges. [...] Die Wissenschaft kann nicht anders als diskursiv verfahren«. Entsprechend versteht Mises sein Unternehmen als »begreifende« Ökonomik. Ebenso wie für Weber ist damit auch für Mises die Differenz von Begriff und Wirklichkeit zentral.[10]

Insofern für Schütz der »Gegenstand der sozialwissenschaftlichen Deutung« die Welt ist, »welche wir als sinnhafte erleben« (2004a: 89), folgt er auch in methodologischer Hinsicht den Vorgaben Webers und Mises'. Und ebenso wie das alltägliche Verstehen den subjektiv gemeinten Sinn von *alter ego* bestenfalls näherungsweise zu identifizieren vermag, ist es Schütz zufolge auch dem wissenschaftlichen Verstehen unmöglich, die Dimension des subjektiv gemeinten Sinns anders als rekonstruierend näherungsweise zu erfassen: Das Postulat der »Erfassung des Konstitutionsprozesses in einem Maximum expliziter Klarheit [...] ist [...] unerfüllbar, wenn unter ›subjektivem Sinn‹ der fremde ›gemeinte Sinn‹ verstanden wird, der immer und auch bei optimaler Deutung ein Limesbegriff bleibt« (2004a: 122f.). »›*Gemeinter Sinn*‹«, so Schütz (2004a: 222) weiter, »*ist also wesentlich subjektiv* und prinzipiell an die Selbstauslegung durch den Erlebenden gebunden. *Er ist für jedes Du wesentlich unzugänglich, weil er sich nur innerhalb des jemeinigen Bewußtseinsstromes konstituiert*«.[11] Mit

---

10 Ergänzend betont Mises in diesem Zusammenhang nachdrücklich die Unmöglichkeit der Messbarkeit subjektiver Werte: »Vorziehen und Zurückstellen und das aus ihnen hervorgehende Wählen sind kein Messen« (1940: 87, 191ff.).

11 Die Kursivierungen finden sich bei Schütz, und es muss nicht nur deshalb erstaunen, dass nach wie vor bestimmte Richtungen der qualitativen Sozialforschung dieses zentrale methodische Selbstverständnis ignorieren. Auch an anderer Stelle im *Sinnhaften Aufbau* betont Schütz mit Bezug auf »die *vorprädikative Erfahrung*, in welcher das Du *als ein Selbst* erlebt wird«, in der das Ich »*von dem Dasein eines Du im Modus des originalen Selbst Erfahrung hat*«: »Diese Originalität ist frei-

dieser These der Nicht-Erfassbarkeit des subjektiv gemeinten Sinns wahrt Schütz (vgl. 1977: 56) in einer weiteren zentralen Hinsicht Anschluss an und Kontinuität zu Weber und Mises. Das Verhältnis der Soziologie zu ihrem Gegenstand wird vom ihm also konzipiert als das einer »Einordnung subjektiver Sinnzusammenhänge in einen objektiven Sinnzusammenhang« (2004a: 436).

Sechstens: Die geforderte objektive Bestimmung subjektiver Wertorientierungen erfordert für Mises schließlich die Apriorität des analytischen Zugriffs. Es gebe, so Mises, apriorisches Wissen vom menschlichen Handeln, weshalb die Nationalökonomie konsequent eine deduktive Methodik zu verfolgen habe. Denn »nicht aus der Erfahrung, sondern aus der Vernunft stammt [...] das her, was wir über unser Verhalten den gegebenen Bedingungen gegenüber wissen. Nicht aus der Erfahrung stammt, was wir über die Grundkategorien des Handelns wissen, über Handeln, Wirtschaften, Vorziehen, über die Beziehung zwischen Mittel und Zweck, und über alles andere, das mit diesem zusammen das System menschlichen Handelns ausmacht. Das alles erkennen wir wie die logischen und mathematischen Wahrheiten aus uns heraus, *a priori* und ohne Bezug auf irgendwelche Erfahrung. [...] Als apriorische Kategorie ist das Prinzip des Handelns dem der Kausalität ebenbürtig«, so Mises (1933: 13; 33; 1940: bes. 16-23). Entsprechend geht es nach Mises (1933: X) für die Sozialwissenschaften vorrangig darum, die allgemeine Logik des Handelns zu explizieren, also »nach allgemeingültigen Gesetzen des menschlichen Handelns [...], d. h. nach Gesetzen [zu suchen], die Geltung beanspruchen ohne Rücksicht auf Ort, Zeit, Rasse, Volkstum, Klasse der Handelnden«.

In Parallele dazu geht es auch Schütz darum, allgemeine Aspekte der Konstitution von Handeln und Sinn herauszuarbeiten, für die ein apriorischer Status reklamiert wird. So formuliert Schütz, dass eine »auf phänomenologischen Prinzipien beruhende Soziologie« (2004a: 439) »eine Wesenswissenschaft [ist], [die] [...] nach den invarianten eigenwesentlichen Strukturen [des] [...] Lebens:

---

lich keine ›primäre‹, da mir das fremde Seelenleben in direkter Wahrnehmung prinzipiell nicht zugänglich ist, sondern – in Husserls Terminologie – eine ›sekundäre‹« (2004a: 314; vgl. dazu auch 1971a: 60).

d. h. nach ihrem Apriori« fragt (2004a: 130). Eine spezifische Form von Allgemeingültigkeit und Apriorität von für die Soziologie relevanten Erkenntnissen, also von Überlegungen auf sozialtheoretischer Ebene, hält somit auch Schütz für evident (vgl. dazu Kap. V).

Anschluss an die Phänomenologie Edmund Husserls

Die zentralen systematischen Gesichtspunkte von Mises' Grundlegung lassen also Berührungspunkte zu Schütz' Argumentationstypik klar erkennen. Wenn aber Schütz' Analysen von der Auseinandersetzung mit Webers »verstehender« Soziologie und Mises' »begreifender« Ökonomik auch angeleitet werden, so geschieht dies gleichwohl in der kritischen Überzeugung, dass beider Untersuchungen (2004a: 85ff.) nicht bis zur »Erhellung der Unterschichten der von [ihnen] aufgestellten Grundbegriffe« reichen. Grundlage dieser These wie methodische Richtschnur ihrer Umsetzung ist Schütz' die seit der zweiten Hälfte der 1920er-Jahre erworbene Kenntnis der Phänomenologie Husserls.[12] Der in Schütz' Werk durchgängige Rückgriff auf Husserl ist aus diesem Grund unmittelbar auf das Anliegen der Konzeption einer allgemeinen handlungsanalytischen Fundierung der Soziologie zu beziehen.

Insbesondere sind es zwei Probleme, die Schütz bei Weber und Mises identifiziert, und die er durch den Rückgriff auf Husserls Phänomenologie lösen zu können meint: einerseits die methodologische Frage nach der Möglichkeit eines adäquaten Sinnverstehens, d. h. nach einer im Rahmen einer sozialwissenschaftlichen Metho

12 Vgl. dazu für Husserl: *Vorlesungen zur Phänomenologie des inneren Zeitbewußtseins* (1905) (Tübingen: Niemeyer 1980); *Ideen zu einer reinen Phänomenologie und phänomenologischen Philosophie I* (1913), in: *Gesammelte Schriften* Bd. 5 (Hamburg: Meiner 1992), *Formale und transzendentale Logik* (1929), in: *Gesammelte Schriften* Bd. 7 (Hamburg: Meiner 1992); später zudem: *Cartesianische Meditationen und Pariser Vorträge* (1931) und *Die Krisis der europäischen Wissenschaften und die transzendentale Phänomenologie* (1936/54), jeweils in: *Gesammelte Schriften* Bd. 8 (Hamburg: Meiner 1992) sowie *Erfahrung und Urteil* (1939), hg. v. Ludwig Landgrebe, (Hamburg: Meiner ^{6}1985).

dik adäquaten Rekonstruktion subjektiv gemeinten Sinns. Andererseits die theoretische Frage nach der Einheit einer Handlung, d. h. nach einer Konzeptualisierung des zeitlichen Verhältnisses von Handlungsentwurf, Handlungsvollzug und Handlungsresultat.[13]

Unter Beibehaltung der Annahme, dass subjektiver Sinn prinzipiell unzugänglich ist, sieht Schütz für das Problem einer adäquaten Rekonstruktion subjektiver Sinnsetzungen, auf das eine verstehenden Soziologie angewiesen bleibt, in Husserls Phänomenologie zunächst ein methodisches Instrumentarium, formale Prinzipien subjektiver Sinnkonstitution überhaupt theoretisch zu klären. Der Versuch einer phänomenologischen Aufklärung der zeitlichen Konstitution von Handlungssinn bietet sich für Schütz an, weil Husserl diese Konstitutionsanalyse auf eine apriorische, nämlich transzendentale Grundlage stellt, in der Schütz eine lockere methodische Analogie zu Mises' Problemzugriff erkennen kann. Systematisch gesehen ist Schütz zudem der Überzeugung, dass es nur durch eine phänomenologische Untersuchung gelingen kann, der Unterscheidung zwischen dem subjektiven und dem objektiven Sinn einer Handlung eine theoretisch wie methodologisch folgenreiche Bedeutung zu geben.[14] Denn während die Deutung der (objektiven) Einheit einer Handlung analog zur konstitutionstheoretischen Untersuchung der Einheit des intentionalen Sinns erfolgen kann (2004a: 159-161), löst die Phänomenologie Husserls in Schütz' Augen zugleich die Frage der adäquaten Reflexion subjektiver Erlebnisse, insofern es für eine Beantwortung der Frage nach der Bedeutung von Weil-Motiven für die Handlungserklärung der Möglichkeit einer methodisch angemes-

---

13 Vollständig unausgeleuchtet ist in diesem Zusammenhang die Bedeutung der Philosophie von Gottfried Wilhelm Leibniz (1646-1716). Denn während Husserl sich an René Descartes (1596-1650) als dem Ausgangspunkt phänomenologischen Denkens orientierte, gewinnt für Schütz Leibniz eine weit größere Bedeutung.

14 Darin liegt ein zentraler Grund für das Missverständnis zwischen Schütz und Parsons, der diese Frage für irrelevant erachtete (vgl. 1977: u.a. 134). Aufgrund dieser grundlagentheoretischen Differenz entwickelt sich Parsons' Ansatz in Richtung einer *System*theorie, während Schütz eine sinn- und *handlungs*analytisch argumentierende Sozialtheorie und Soziologie entwickelt.

senen Reflexion vergangener fundierender Erlebnisse bedarf, wie sie sich in Weil-Motiven verdichten.

Darum ist Husserls Analyse der Zeitlichkeit des immanenten Bewusstseins für Schütz' Analysen methodisch von allergrößter Bedeutung. Im Unterschied zur (externen) Zuschreibung von subjektiv präferierten Zwecken, die für die ökonomische Handlungstheorie, letztlich aber auch für Max Weber und nach wie vor für gegenwärtig aktuelle Theorien ›rationalen‹ Handelns maßgeblich ist und als ausreichend angesehen wird, ermöglicht die phänomenologische Konstitutionstheorie Husserls zweierlei: Sie ordnet erstens der Einheit des subjektiven Sinns von vornherein eine Genese zu, denn nur auf diesem Wege lässt sich der »Aufbau« der sozialen Welt bis in die immanenten Schichten subjektiver Sinnorientierungen überhaupt zurückverfolgen. Und zweitens gewinnt durch diesen Zugriff das Problem des adäquaten Sinnverstehens eine zeitliche Dimension, da der Differenz von ursprünglichem subjektivem Erlebnis (z. B. eines Handlungsentwurfs im Sinne einer wirksamen Absicht) und seiner reflektierten Form für die Adäquatheit der Reflexion elementare Bedeutung zukommt. Nur wenn, so Husserl (1905, 1913: §§ 76ff.), die über ein latentes Präsenzbewusstsein, also über das Noch-Bewusstsein des Soeben-Gewesenen (Retention) vermittelte reflexive Wiedervergegenwärtigung (Reproduktion) das ursprüngliche Erlebnis in seinem originären Charakter repräsentiert, ist eine adäquate, d. h. letztlich gültige, *ex post* erfolgende Deutung des *ex ante* »subjektiv gemeinten Sinns«, d. h. eine reflexiv gültige Repräsentation vergangener Erlebnisse, möglich.

Gleichwohl ist eine solche Deckung zwischen dem ursprünglich intendierten subjektiven Sinn des Handelns und der reflexiv erfassten Einheit der Handlung nach ihrem Vollzug faktisch weder notwendig noch überhaupt wahrscheinlich. Sie kann lediglich im Grenzfall als möglich unterstellt werden, bildet also, mit Schütz gesprochen, einen »Limesbegriff« (2004a: 123). Denn notwendig unterscheidet sich das ursprüngliche Erlebnis in seiner unmittelbaren Reichhaltigkeit von der *ex post* reflektierten Form, und zwar nicht nur aufgrund der konstitutiven zeitlichen Differenz zwischen Erlebnis und Reflexion, zwischen aktuellem Vollzug und nachträglicher Erfassung der vollzogenen Handlung, sondern auch, weil im Zuge des reflexiven Deutungsprozesses stets auf intersubjektiv konventionalisierte Sinnzuschreibungen, also auf sozial etablierte Typiken, zurückgegriffen werden muss. Mit dieser Anlehnung an Husserls Begriff der Reflexion wird für Schütz deutlich, dass die Methodologie der Sozialwissenschaften systematisch auf das zentrale Problem der Typisierung verwiesen ist. Denn die phänomenologische Unterscheidung zwischen ursprünglichem Erlebnis und in Reflexion erkannter Erfahrung, also zwischen Erleben und Erkennen, eröffnet überhaupt erst die theoretische Möglichkeit, die Ebene des Typischen in ihrer konstitutiven Bedeutung für die Sinnanalyse zu erkennen und den Prozess und die Struktur von Typisierungen und ihre wirklichkeitskonfigurierende Bedeutung untersuchen zu können.

Dieser Blick auf die methodische Bedeutung von Husserls Phänomenologie für Schütz' Unternehmen setzt gegenüber Interpretationen, die Schütz dominant von Husserls Philosophie her verstehen oder aber orthodox auf Husserls Programm festschreiben wollen, vorsichtigere Akzente. Ein genauerer Blick auf Schütz' Arbeiten bekräftigt diese Gewichtsverlagerung, ohne dass damit die theorieformierende Bedeutung Husserls für Schütz' Werk negiert oder aber seine Rolle im angesprochenen Reflexionsdreieck Weber – Mises – Husserl marginalisiert werden soll. Folgende Gesichtspunkte sprechen für eine (lediglich) gleichgewichtige Akzentuierung der Bedeutung Husserls im Vergleich zu Weber und Mises:

Erstens datieren bestimmte Distanzierungen von Schütz gegenüber Husserl nicht erst aus seinen späten Jahren, sondern finden sich bereits parallel zur Niederschrift und Publikation des *Sinnhaften Aufbaus*. So heißt es beispielsweise in einem Brief von Schütz vom 27. August 1930 an Felix Kaufmann, mit dem Schütz seit Ende der 1920er-Jahre gemeinsam Husserl liest: »Was Husserl anbetrifft, so ergeht es mir mit diesem Buch [*Ideen I*] sehr sonderbar. Viele Züge, die mir schon ganz unzweifelhaft erschienen, beginnen mir bedenklich zu werden. So z. B. die Theorie der ›Neutralisierung‹, die Gegenüberstellung von ›hyletischen Daten‹ und ›Noema‹, die prinzipielle Möglichkeit ›regionaler Ontologien‹ [...] und anderes mehr« (Sozialwissenschaftliches Archiv Konstanz, Alfred Schütz-Nachlass, Kaufmann-Korrespondenz). Und am 24. September 1932, also wenige Monate nach der Publikation des *Sinnhaften Aufbaus*, schreibt Schütz an Kaufmann: »Im Allgemeinen habe ich diesmal wenig Freude von der Durcharbeitung der *Meditations* [*Cartésiennes*] und der [*Formalen und transzendentalen*] *Logik* [von Husserl] gehabt und zweifle jetzt an Vielem, das mir früher ganz feststehend zu sein schien« (ebd.).

Zweitens wird die lediglich spezifische Bedeutung von Husserls Analysen für Schütz' Unternehmen von diesem selbst bereits im *Sinnhaften Aufbau* klar angezeigt. So erklärt Schütz – unter Rückbezug auf die methodische »Anmerkung« zum Abschluss des ersten Kapitels (2004a: 129f.), die auf eine Anregung Kaufmanns zurückgeht – am Anfang des dritten, den Hauptteil dieser Arbeit vorbereitenden Kapitels, dass mit dem nunmehr zu vollziehenden »Übergang [...] zur Untersuchung der sozialen Welt [...] die streng phänomenologische Betrachtungsweise« verlassen und somit »auf jedes Eingehen in die eigentliche transzendental-phänomenologische Fragestellung« verzichtet werde (2004a: 219; vgl. 1971a: 154). Damit wird die von Schütz intendierte methodische Anlehnung an Husserl unter Absehung ihrer transzendentalphilosophischen Geltungsansprüche klar ausgesprochen.

Drittens dokumentieren die Beiträge, in denen Schütz die Bedeutung von Husserls Phänomenologie für die Sozialwissenschaften später skizziert (vgl. 1971a: 113ff., 136ff., 162ff.; 1971b: 127ff.), dass sein Augenmerk stets auf dessen bleibendem Beitrag für die Aufklärung der Prozesse der mundanen Sinnkonstitution, also der Geltung von Welt, liegt (z. B. 1971b: 116f.). Schütz sucht hier, wie er formuliert, jeweils »einige fundamentale Konsequenzen für die Erkenntnis des Wesens der Sozialwissenschaften zu ziehen, die sich in Husserls Schriften nicht vorfinden« (1971a: 156).[15]

Viertens zeigt die weitere Entfaltung von Schütz' Lebensweltanalyse, dass seine wesentlichen Beiträge in diesem Rahmen weitgehend ohne oder mit lediglich partiellem Rekurs auf Husserls Werk

15 Entsprechend bedauert Schütz mit Blick auf Arbeiten von Edith Stein (1891-1942) und Gerda Walther (1897-1977): »Der erste Kreis von Husserl persönlich sehr nahe stehenden Schülern hat leider geglaubt, dass konkrete sozialwissenschaftliche Probleme durch unmittelbare Anwendung der Methode eidetischer Reduktion auf ungeklärte Vorstellungen des *Common-sense*-Denkens oder auf ebenso ungeklärte Begriffe der empirischen Sozialwissenschaften zu lösen seien« (1971a: 162f.).

auskommen (vgl. bes. 1971a: 3ff., 55ff., 2003a: 177ff., 2003b: 117ff., 2004b: 251ff.). Es sind jeweils einzelne Bausteine von Husserls Phänomenologie, auf die Schütz rekurriert. Dazu gehören das Lebensweltkonzept, die Unterscheidung von offenen und problematischen Möglichkeiten, die Analyse des Appräsentationsphänomens, die Struktur von Typisierungen und die Zeitanalysen.

Fünftens schließlich wird die These einer auf das Methodische konzentrierten Rezeption von Husserls Philosophie bei Schütz durch die sukzessive Vertiefung und Verfestigung der frühen Ansätze zu einer Abgrenzung und Kritik von Husserl unterstützt – bis hin zu dem Beitrag, den Schütz als seine »Verabschiedung von der transzendentalen Phänomenologie« apostrophiert (1971b: 86ff.). Diese kontinuierliche Abgrenzung von Husserls transzendentalem Ansatz dokumentiert eindrücklich der Briefwechsel mit dem langjährigen Freund Aron Gurwitsch.[16] Ihren prägnantesten Ausdruck findet sie in einem späten Brief vom 3. Februar 1959, in dem Schütz konstatiert, dass »jeder Versuch einer Klärung der Grundbegriffe der Husserl'schen Philosophie [...] die Unhaltbarkeit der Konstruktion« zeige (Schütz & Gurwitsch 1985: 461).

Anschluss an Max Webers verstehende Soziologie

Damit sind zentrale Bausteine und Anschlüsse für die Ausarbeitung und Entwicklung von Schütz' Werk benannt. Zugleich eröffnen diese Hinweise Anschlussstellen für ein Verständnis der pragmatischen Grundorientierung von Schütz' Ansatz. In Verlängerung von Max Webers Bestimmung, dass es die Soziologie mit sozialem Handeln zu tun habe, sind es ebenso die Praxeologie von Mises und die Philosophie von Bergson, die Schütz hier bestärken. Dazu tritt – neben Anregungen aus der Philosophie von Heidegger[17] mit ihrem Aufweis der Grundstruktur der ›Sorge‹ und der

---

16 Vgl. dazu: Ilja Srubar, »Abkehr von der transzendentalen Phänomenologie«, in: Grathoff & Waldenfels (1983: 68-84).

17 Für eine entsprechende Rezeption Heideggers vgl. Ilja Srubar, »Heidegger und die Grundlagen der Sozialtheorie«, in: Johannes Weiß (Hg.), *Die Jemeinigkeit des Mitseins. Die Daseinsanalytik Martin Hei-*

bereits angesprochenen Lektüre der amerikanischen Pragmatisten – schließlich das sich über Schütz' gesamte Lebensspanne erstreckende Studium der Schriften Max Schelers (1874-1928), nicht zuletzt dessen Studie über »Erkenntnis und Arbeit« von 1928.

Max Weber schließlich bestimmt die von ihm in *Wirtschaft und Gesellschaft* entwickelte soziologische Perspektive als ›verstehende Soziologie‹.[18] Insofern Schütz im *Sinnhaften Aufbau* in gründlichen Analysen herausarbeiten kann, dass Webers Begrifflichkeit von Handeln und Sinn wie auch seine Ausführungen zur idealtypischen Methodik einer weiteren fundierenden Klärung bedürfen, gibt er seinem Werk den – retrospektiv betrachtet – letztlich korrespondierenden Untertitel »Einleitung in die verstehende Soziologie«. Man kann insofern argumentieren, dass Schütz mit dieser Titelgebung die Kontinuität dokumentiert, in der er seine Arbeit mit dem Werk Max Webers sieht.

Nimmt man somit sowohl Schütz' Bezugnahme auf den von Max Weber entworfenen Grundriss der verstehenden Soziologie als auch die pragmatische Grundorientierung seines Denkens ernst und beachtet deshalb den internen Zusammenhang von Prozessen der Sinnkonstitution mit Interaktionen, den der *Sinnhafte Aufbau* herausstellt, dann wird klar, dass – anders als es eine primär philosophische (bzw. phänomenologische) Lektüre von Schütz' Werk nahe legt – die handlungstheoretische Grundlegung der Soziologie bei Max Weber den bleibenden Ausgangspunkt der Überlegungen von Schütz bildet.[19]

Entsprechend würdigt Schütz Webers Leistung nicht nur an der Textoberfläche, sondern durch direkten Anschluss an die von ihm vorgegebenen Problemstellungen: Es sei Weber zu danken, dass er

---

deggers und die Kritik der soziologischen Vernunft, Konstanz: UVK (2001: 175-195).

18 Konsequenterweise nahm der spätere Herausgeber Johannes Winckelmann diese Begriffsprägung Webers in der Wahl des Untertitels »Grundriß der verstehenden Soziologie« seiner Ausgabe von *Wirtschaft und Gesellschaft* auf.

19 Dabei kann es für die Zwecke dieser Einführung dahingestellt bleiben, inwiefern mit einer Analyse des Begriffs des ›subjektiv gemeinten Sinns‹ im eigentlichen Sinne ›Max Webers Soziologie‹ zum Gegenstand wird, wie dies Schütz voraussetzt.

– erstens – mit seiner Konzeption der Wertfreiheit der Sozialwissenschaften »der Soziologie an Stelle metaphysischer Spekulation die schlichte, aber wahrhaftige Deskription des gesellschaftlichen Seins zu Aufgabe gesetzt« habe (2004a: 85), dass er – zweitens – »alle Kulturobjektivationen [...] auf das ursprünglichste Geschehensmoment des sozialen Verhaltens Einzelner zurückführt« (2004a: 86) und dass er – drittens – der »Aufgabe der Soziologie ein besonderes Verfahren zwecks Auslese des für ihre spezifischen Fragestellungen relevanten Materials [zuweist], [...] nämlich durch Aufstellung von Idealtypen« (2004a: 86). Webers Konzeption der Wertfreiheit bei konstitutiver Wertbeziehung des soziologischen Forschens, seine handlungstheoretische Grundlegung der Soziologie und sein in Gestalt der Konzeption des Idealtypus vorliegender Synthetisierungsversuch der methodologischen Differenz von nomothetisch- und idiografisch-verfahrenden Wissenschaften[20] formieren somit die Ausgangsstellung von Schütz' methodologischer Grundlegung der Sozialwissenschaften. Eine Ausgangsstellung, die Schütz jedoch alsbald über Weber hinaus weiterentwickeln wird.

Somit ist dreierlei für Schütz wichtig: einmal, dass die Soziologie beim Handeln anzusetzen und es ihr dabei um eine methodisch adäquate Analyse der subjektiven Sinnkonstitution des Handelns zu gehen habe: »Aufgabe [der verstehenden Soziologie] ist zunächst und vor allem die Beschreibung der Sinndeutungs- und Sinnsetzungsvorgänge, welche die in der Sozialwelt Lebenden vollziehen« (2004a: 438); sodann Webers Einsicht in die methodische »Idealität« der im mitweltlichen und damit Schütz zufolge auch wissenschaftlichen Verstehen zur Anwendung gelangenden Personal- und Ablauftypen (2004a: 342f.): »Die Erfassung der subjektiven Sinnzusammenhänge erfolgt von einem vorgegebenen obersten Deutungsschema her, das deren Einordnung in den objektiven Sinnzusammenhang der Wissenschaft dadurch be-

20 Vgl. Webers Klage über die »zwei Nationalökonomien« und das daraus resultierende Objektivitätsproblem, in: ders., *Gesammelte Aufsätze zur Wissenschaftslehre*, hg. v. Johannes Winckelmann, Tübingen: Mohr 7. Aufl. (1988: 161ff., bes. 185ff), jetzt auch in: Jörg Strübing & Bernt Schnettler, *Methodologie interpretativer Sozialforschung*, Konstanz: UVK/UTB (2004: 43-100).

sorgt, daß es durch Feststellung des Invarianzbereiches der zu bildenden idealtypischen Konstruktion das wissenschaftlich Relevante von dem wissenschaftlich Irrelevanten scheidet« (2004a: 437f.).[21] Schließlich ist für Schütz zentral, dass sich die Wahl des Untersuchungsgegenstandes, der analytischen Abstraktionshöhe wie auch der spezifische Zuschnitt der Typenbildung den Wertbeziehungen bzw. den Relevanzen des Wissenschaftlers verdanken, insofern »jede idealtypische Konstruktion durch die vorgegebene Erfahrung des Beobachters im Zeitpunkt der Konstruktion bedingt ist«.[22] Insofern verweist diese »Korrelation von Sinnzusammenhang, Deutungsschema und Idealtypus« auf »das Problem des Relevanten überhaupt« (2004a: 357).

Deutungshoheit?!

Die angeführten Aspekte von Schütz' Theorie zeigen, dass sein Entwurf vielfältige Parallelen zu Webers und Mises' Untersuchungen aufweist. Mit diesen, hier auf einige zentrale Aspekte konzentrierten Parallelen ist jedoch kein eklektisches Arrangement zwischen erfahrungswissenschaftlicher ›verstehender Soziologie‹ (Weber), apriorischer ›begreifender Ökonomie‹ (Mises) und ›phänomenologischer Philosophie‹ (Husserl) bei Schütz angezeigt. Vielmehr werden die einzelnen Argumentationsstränge von ihm systematisch in dem Versuch verbunden, einen intersubjektivitätstheoretisch aufgeklärten methodologischen Individualismus zu konzeptualisieren, der es gestattet, apriorische Einsichten in die Konstitution von subjektivem und sozialem Sinn mit dem Forschungsanliegen einer typenbildenden erfahrungs- bzw. wirklichkeitswissenschaftlichen Soziologie systematisch zu verbinden.

---

21 Durchaus elegant löst Schütz dabei einen Interpretationskonflikt mit seinem Lehrer von Mises. Dessen Kritik träfe danach nur Webers frühe Ausführungen zum idealtypischen Deutungsschema im sog. »Objektivitätsaufsatz«, nicht jedoch die spätere Darstellung im Rahmen von *Wirtschaft und Gesellschaft*, in denen Weber seine Konzeption so korrigiert habe, dass sie von der Kritik von Mises nicht mehr berührt werde (vgl. 2004a: 431ff., hier: 432). Analog verfährt Schütz später auch mit Blick auf Husserl, vgl. (1971b: 117f).

22 Dies ganz im Sinne der Einsicht Max Webers im sog. »Objektivitätsaufsatz«, dass die Wissenschaft, wenn »das Licht der großen Kulturprobleme weiter gezogen« ist, genötigt wird, »ihren Standort und ihren Begriffsapparat zu wechseln« (vgl. ders., a.a.O.: 214).

III Verstehende Wissenschaft der sozialen Wirklichkeit: Konzeptionelle und methodologische Grundlegung

Der Theorietypus, den Schütz erstmalig in die soziologische Debatte einbringt, lässt sich als rekonstruktive Analyse der pragmatisch bedingten Sinnstrukturen der sozialen Wirklichkeit umschreiben. Dieser theoretischen Perspektive geht es im Kern um die Klärung der Frage, wie sich Sinnsetzungsprozesse im Handeln in subjektiver wie intersubjektiver Hinsicht vollziehen: »Aufgabe [der verstehenden Soziologie] ist zunächst und vor allem die Beschreibung der Sinndeutungs- und Sinnsetzungsvorgänge, welche die in der Sozialwelt Lebenden vollziehen« (2004a: 438; vgl. auch 90f.).

Unter dem Titel einer ›Konstitutionsanalyse‹ im Rahmen der Lebensweltanalyse von Schütz ist dabei ein Theorietyp zu verstehen, der sowohl auf der Grundlage zeittheoretischer Reflexionen den Aufbau von Sinnstrukturen untersucht, als auch einen Bezugsrahmen bereitstellt, in dem ›soziale Phänomene‹ unter einem spezifischen einheitlichen Gesichtspunkt – im Rahmen der lebensweltlichen ›Matrix‹ – als Gegenstände soziologischer Analyse in den Blick treten. Solchermaßen wird eine Analyse in Distanz zu alltäglich selbstverständlich gewordenen Sichtweisen und Deutungen überhaupt erst möglich. Einer konstitutionsanalytischen Perspektive kommt somit Bedeutung sowohl für die Formung der »Gegenstände« der Analyse wie auch für deren theoretische Erfassung zu. Im Sinne einer solchen – notwendig rekonstruktiv angelegten – ›Konstitutionstheorie‹ geht Schütz' Forschungsanliegen dahin, die »Strukturverhältnisse des sinnhaften Aufbaus der sozialen Welt methodisch zu untersuchen«, und das heißt vor allen Dingen, die »Fundierungszusammenhänge« des Aufbaus der als »›fraglos gegeben‹ hingenommene[n] Sinnstruktur« der Sozialwelt freizulegen (vgl. 2004a: 90f.). Dies ist eine Aufgabe, die unmittelbar mit der weiteren Frage verbunden ist, wie eine Erfahrungswissenschaft vom Sinnverstehen – die die Soziologie für Schütz im Anschluss an Weber ist – ›subjektive‹ Sinnsetzungen im kontinuierlichen alltäglichen Ablauf der Ereignisse ›objektiv‹ wissenschaftlich, also methodisch kontrolliert erfassen kann (2004a: § 43). Die Lebensweltanalyse und deren methodologische Grundlegung markieren somit den Kern von Schütz' Grundlegungsversuch.

Der Soziologie, im von Weber konzipierten Sinn von ›verstehender‹ Soziologie, geht es Schütz' zufolge dabei einmal um die Rekonstruktion der allgemeinen, d. h. *strukturellen* (formalen) Voraussetzungen subjektiver und intersubjektiver Sinnsetzungsprozesse: Hier zielt sie – phänomenologisch – als eine ›Proto-Soziologie‹ bzw. als *Sozialtheorie* auf die Freilegung der als universell verstandenen Struktur der Lebenswelt. Sodann geht es ihr um die Rekonstruktion der jeweiligen *sozio-kulturellen* Ausprägungen dieser Strukturen: Hier zielt sie – empirisch – als *verstehende Soziologie* im engeren, u. a. gesellschaftsanalytischen Sinne auf die Untersuchung der Lebenswelt als historischer Kulturwelt in konkreten Gesellschaften.[1] Durchgängig geht es dieser Forschungsperspektive darum, die interaktiven und kommunikativen Sinnsetzungsprozesse als Prozesse der Konfiguration, also der Formation wie Transformation sozialer Wirklichkeit aufzuzeigen.

Methodisch legt Schütz diese Konzeption von Soziologie in Form einer Aufklärung der philosophischen Grundlagen der verstehenden Soziologie vor. Das heißt für ihn, einen Frageansatz auf dem Boden der Phänomenologie zu wählen, weil eine phänomenologische Analyse seiner Auffassung zufolge die grundlegenden, im Aufbau komplexer menschlicher Wirklichkeiten vorausgesetzten subjektiven Bewusstseinsvorgänge *und* intersubjektiven Strukturen aufzuzeigen vermag. Dabei ist dieses »und« für ein Verständnis von Schütz' Ansatz und seinen Anschluss an die Phä-

1 In diesem doppelperspektivischen Zuschnitt weiß sich Schütz auch mit Max Scheler einig, dessen methodologischen Ansatz Schütz dahingehend deutet, dass »die *Struktur* der ›relativ-natürlichen Weltanschauung‹, die als fraglos gegeben hingenommen wird, durch phänomenologische Methoden analysiert werden« kann, während »der *Inhalt* dieser relativ-natürlichen Weltanschauung [...] von einer Gruppe zur anderen und innerhalb einer Gruppe im Verlauf der historischen Entwicklung« wechseln würde, so dass »dessen charakteristische Merkmale zu beschreiben [...] Aufgabe der empirischen Sozialwissenschaften« sei (1971a: 164).

nomenologie Husserls zentral, d. h. für deren spezifische Verwendung im Sinne eines methodischen Instrumentariums zur Grundlegung einer sozialwissenschaftlichen Lebensweltanalyse.[2]

Diese beiden für Schütz notwendig zusammen gehörenden und aufeinander verweisenden Perspektiven, die als systematische und genetische bezeichnet werden können, erläutert er in einem Brief an Gurwitsch vom 19. August 1939 dahingehend, dass es »eine doppelte Interpretationsmöglichkeit ›derselben‹ Phänomene [gibt]: Diese werden einmal als fertig konstitutiert, als *tout-fait* betrachtet, das andere Mal ›nach ihrer Geschichte befragt‹. Das eine Mal wird der Ausgang von der natürlichen Einstellung genommen, in der aus pragmatischen Gründen […] eine Welt identischer Objekte als fraglos und selbstverständlich gegeben angesetzt wird. […] Das andere Mal […] verfolgt [man] die Konstitutionen der intentionalen Leistungen im Strömen ihres temporalen Ablaufs« (Schütz & Gurwitsch 1985: 41; vgl. 2004a: 438). Die Untersuchung der intersubjektiven Struktur der sozialen Wirklichkeit hat für Schütz also stets unter Rückbezug auf die dieser Struktur zugrunde liegenden intentionalen Strukturen zu erfolgen. Geht es in der systematischen Perspektive um Intersubjektivitätsstrukturen in Handlungs- und Wirkenskonstellationen, so in der anderen, genetischen Perspektive um Phänomene des subjektiven Bewusstseins und die Analyse intentionaler Strukturen. Die besondere theoretische Leistung dieser Konzeption liegt in dem Versuch einer unmittelbaren Verzahnung von Handeln und Erkennen bzw. Denken.[3]

Für die Soziologie kommt soziale Wirklichkeit – wenn sie daran orientiert ist, menschliches Handeln verstehend zu erklären –, kommen also Handlungsvollzüge unter dem Gesichtspunkt ihrer

2 Nochmals sei betont, dass bei aller Bedeutung des Anschlusses von Schütz an Husserl (sowie Bergson und Scheler) auf der einen und Weber sowie Mises auf der anderen Seite nicht der Blick auf die produktive Aufnahme und konstruktive Re-Interpretation dieser Ansätze aus dem Blick zu verlieren ist, aus der das emergente Theorieprofil von Schütz' Konzeption einer phänomenologisch fundierten verstehenden Soziologie resultiert (vgl. oben Kap. II).

3 Also der Freilegung – wie Schütz 1936/37 formuliert (2003a: 43) – der Einheit von ›ego agens‹ und ›ego cogitans‹, von handelndem und denkendem Ich.

Sinn- bzw. Bedeutungsakzentuierung für die Akteure wie für ihre Beobachter in den Blick: »Der Beobachter [der Sozialwelt] muss [...] aus der Handlung, die zugrunde liegenden Um-zu- und Weil-Motive des Handelnden rekonstruieren« (2004b: 285, vgl. oben S. 32). Seine Auffassung von Soziologie als sinnrekonstruktiver Analyse versteht Schütz also zugleich als Theorie sozialen Handelns. Anders ist für ihn Soziologie nicht konzeptualisierbar. Entsprechend bringt Schütz in einem Brief an Talcott Parsons vom 17. März 1941 seine Überzeugung zum Ausdruck, dass er im *Sinnhaften Aufbau*, »eine systematische Theorie des sozialen Handelns entwickelt habe« (1977: 109; vgl. 116).

Schütz' Lebensweltanalyse ist als Theorie der *Sinn*konstitution damit zugleich Theorie der Konstitution von *Handlungs*sinn und als solche insgesamt Untersuchung der Genese sozialer *Wirklichkeit*. Die interaktive bzw. intersubjektive Konstitution von Sinn vollzieht sich sowohl pragmatisch als auch kommunikativ – und zwar jeweils unter Rekurs auf die Ressource ›Wissen‹. Damit verschmelzen in der Perspektive der Lebensweltanalyse die Bedeutungen der Begriffe ›Wirklichkeit‹ und ›Wissen‹ notwendig miteinander (vgl. Kap. VI).[4]

Schütz' Forschungsinteresse gilt insgesamt der Aufklärung der Zusammenhänge zwischen menschlichem Handeln und den intersubjektiven Sinnstrukturen der Wirklichkeit sowie der Frage nach den sich daraus ergebenden methodologischen Konsequenzen für die Soziologie. Denn seiner Überzeugung, die alltägliche Welt, die *Common-sense*-Welt, und die für diese typischen Formen des Wirkens und des Wissens als Gegenstand einer verstehenden Soziologie mit den Mitteln der phänomenologischen Philosophie untersuchen zu können, gibt Schütz eine spezifische Wendung.[5]

---

4 Dieser Kerngedanke findet in Schütz' methodologischem Leitsatz adäquaten Ausdruck: »Alle Tatsachen sind immer schon [...] interpretierte Tatsachen« (1971a: 5). Er wird von Peter Berger und Thomas Luckmann (1969) zu einer allgemeinen Wissenssoziologie ausgebaut, die sich als systematische soziologische Perspektive versteht (vgl. dazu vom Verfasser: *Formation und Transformation sozialer Wirklichkeit. Eine Untersuchung zur phänomenologisch begründeten Soziologie und Sozialtheorie*, Habilitationsschrift, Tübingen 2002).

5 Also nicht der Alltag selbst und damit nicht einfach eine ›Soziologie des Alltags‹ (so Hanke 2002: 21) ist hier gemeint, sondern dessen

Lebensweltanalyse

In begrifflicher Hinsicht markiert Schütz das von ihm angestrebte Projekt einer phänomenologischen Aufklärung der *Common-sense*-Welt durch die Einführung des vom späten Husserl geprägten Begriffs der ›Lebenswelt‹ in die soziologische Theorie und Analyse sozialer Wirklichkeit.

Zwar kommt der Begriff der Lebenswelt im frühen Hauptwerk über den *Sinnhaften Aufbau* selbst noch nicht vor, der Sache nach aber bildet er bereits dort den organisierenden Kern insbesondere des zentralen vierten Abschnitts. Ein seiner tatsächlichen Bedeutung entsprechendes Gewicht nimmt der Lebensweltbegriff in Schütz' Werk erst ab Mitte der 1930er-Jahre ein. Entscheidende Anstöße zur weiteren Ausarbeitung und systematischen Fassung seiner Lebensweltanalyse erhält Schütz durch Husserls *Krisis*-Schrift, deren Kurzfassung in der Zeitschrift *Philosophia* im Jahr 1936 publiziert wurde.[6]

Die Zentralstellung des Lebensweltbegriffs als des organisierenden Prinzips in Schütz' nachgelassenen Vorarbeiten zu den *Strukturen der Lebenswelt* dürfte sich dann nicht zuletzt der Lektüre der Publikation der vollständigen *Krisis*-Schrift im Jahr 1954 verdanken.[7] Auch wenn Schütz angesichts ihrer Rezension durch Gur-

---

phänomenologische Aufklärung. Entsprechend programmatisch formuliert Schütz im späten Manuskript über die »Strukturen der Lebenswelt« von 1957, dass er sich »um eine Phänomenologie der Lebenswelt bemühe, die der Mensch in natürlicher Einstellung nicht nur denkend, sondern auch handelnd und fühlend zu bewältigen hat« (2003a: 335; vgl. auch Schütz & Gurwitsch 1985: 279).

6 Auch wenn Schütz diese Druckfassung wohl unzugänglich blieb, so hörte er sowohl im Mai 1935 Husserls Wiener Vortrag über »Die Philosophie in der Krisis der europäischen Menschheit« wie er auch im November 1935 in Begleitung seiner Frau Ilse und Felix Kaufmanns nach Prag fuhr, um Husserls dortigen Vorträgen unter dem Titel »Die Krisis der europäischen Menschheit« beizuwohnen. Vgl. dazu Karl Schuhmann, *Husserl-Chronik. Denk- und Lebensweg Edmund Husserls*, Den Haag: Nijhoff (1977: 469).

7 Deren nachhaltigen Eindruck auf Schütz dokumentiert sein Brief vom 23. August 1954 an Gurwitsch: »Bevor ich New York verließ [...], kaufte ich mir am letzten Tag die *Krisis* und begann sie in Bar Habor gleich

witsch brieflich am 1. Januar 1956 vehement Husserls Begriffsverwendung kritisiert: »Die Lebenswelt als gemeinsame Welt, als historische Zivilisation, als Spezialgruppe der zeitgenössischen Geheimräte, als Intersubjektivitätsgemeinschaft, als gemeinsamer Boden, als Produkt kollektiver Tätigkeit, als geistiger Erwerb (wie sich in Reflexion herausstellt!): das geht alles so durcheinander, dass es der phänomenologischen Methode unwürdig ist« (Schütz & Gurwitsch 1985: 379).

Demgegenüber verwendet Schütz den Lebensweltbegriff zur Kennzeichnung des Umstandes, dass »wir als Menschen unter Mitmenschen in natürlicher Einstellung Natur, Kultur und Gesellschaft erfahren, zu ihren Gegenständen Stellung nehmen, von ihnen beeinflusst werden und auf sie wirken« (2003a: 327).[8] Die Phänomene des Erfahrens und Urteilens sowie des Wirkens und Bewirktwerdens[9] kennzeichnen damit die grundlegenden Gegenstände der Lebensweltanalyse.

Für Wahrnehmen (Erfahren), Denken (Urteilen) und Handeln (Wirken) als den drei Dimensionen menschlichen Wirklichkeitszugangs lassen sich mit Husserl Grundannahmen ausmachen, die für die natürliche Einstellung in der Lebenswelt charakteristisch sind. Danach vollzieht sich menschlicher Wirklichkeitszugang prinzipiell unter der Annahme der Konstanz der (objektiven) »Grundstruktur der Welt« und des (subjektiven) »Typus [des] Erfahrens« dieser Welt (2003a: 360). Die Routine der alltäglichen Lebenspraxis wird sowohl von der objektiven Idealisierungen des

---

zu studieren. Ich war tief bewegt, manchmal bis in die Formulierung ähnliches in Schriften aus dem Nachlass zu finden, wie Dinge, die ich in meinem Manuskript [über »Symbol, Wirklichkeit und Gesellschaft«, 2003b: 117ff.] gesagt hatte. […] Ich persönlich teile Deine Meinung, daß Husserls Spätschriften großartig sind und von höchstem Wert für die Sozialwissenschaften« (Schütz & Gurwitsch 1985: 357f.).

8 »Wir müssen uns mit der Welt befassen, in der jeder von uns sein Leben führt, in der jeder seine Orientierung finden und mit den Dingen und Menschen zurechtkommen muß. Sie ist die *Lebenswelt*« (2003a: 355; vgl. auch 2003a: 232, 233f.).

9 Hinter diesem Aspekt des »Bewirktwerdens«, also des Erlebens und Erfahrens von Hindernissen steht offenkundig das pragmatische Argument des Widerstandserlebnisses als Wirklichkeitsindikator beispielsweise bei Bergson, Mead oder Scheler.

›Und-so-weiter‹ getragen wie auch von der subjektiven Idealisierung des ›Ich-kann-immer-wieder‹ (2003a: 200f., 258f., 327). Es korreliert also die Idealisierung hinsichtlich der Adäquanz des Wissens über die objektiven äußeren Weltumstände mit der Idealisierung hinsichtlich des subjektiven Handlungsvermögens und des bisher sich als tragfähig erwiesen habenden Erfahrungsstils: »Diese Idealisierungen implizieren die Annahme, dass die Grundstruktur der Welt, wie ich sie kenne, und damit der Typus und Stil meines Erfahrens von ihr und der meines Handelns in ihr unverändert bleiben werden – d. h. bis auf weiteres unverändert« (2003a: 360).

Diese Annahmen über die (relative) der Weltstruktur, also sowohl über die Konstanz der Gültigkeit gemachter Erfahrungen von der Welt wie auch über die Konstanz menschlicher Möglichkeiten, auf die Welt und in ihr zu wirken, bilden Schütz zufolge den quasi-ontologischen und anthropologischen Kern menschlichen Weltverhältnisses (vgl. unten S. 82ff.). Dabei ist die Orientierung an Gewohnheiten für Schütz ein allgemeines Charakteristikum allen Handelns in natürlicher Einstellung, denn diese zeichnet sich durch den Modus der Fraglosigkeit aus. Diese Bestimmung verlängert konsequent die mit der Aufnahme von Husserls Lebensweltbegriff verbundene Perspektive, der diesen Begriff ebenfalls gegen szientistisch verkürzte Auffassungen von Rationalität einführt. Damit legt Schütz grundsätzlich den Akzent seiner Ausführungen auf eine Kritik an den geläufigen Verwechslungen von theoretischen Modellen (beispielsweise rationalen Handelns) mit einer adäquaten Rekonstruktion der Perspektive der natürlichen Einstellung.[10]

10 Wobei Schütz sich nicht gegen eine idealtypische Konstruktion rationalen Handelns wendet, die an letztlich wissenschaftlichen Kriterien wie etwa einer möglichst vollständigen und objektiven Kenntnis relevanter Umstände und logischer Schlussfolgerungsbeziehungen bei der Wahl von Mitteln für die Erreichung gewählter Zwecke ausgerichtet ist (vgl. 1972: 22f., 40f.). Vgl. zu Schütz' Überlegungen zum Begriff der Rationalität bzw. des rationalen Handelns seinen 1940 gehaltenen Vortrag: »The Problem of Rationality in the Social World« (1996: 6-24) sowie dessen Druckfassung von 1943 (1972: 22-50). Weitere Differenzierungen nach möglichen materialen Orientierungen des Handelns interessieren Schütz im Rahmen seines Ansatzes nicht.

Das Alltagshandeln orientiert sich Schütz zufolge eben nicht an den rationalen Kriterien und entsprechenden Überlegungen, sondern es verlässt sich in der überwiegenden Mehrzahl aller relevanten Fälle auf die routinisierte Gewissheit von unausgesprochenen Konstanzunterstellungen. Die Verwendung alltäglicher Wissensvorräte verläuft nicht entlang der Unterscheidung von wahr und falsch, sondern unter Evidenzgesichtspunkten entlang der Differenz zwischen wahrscheinlich und unwahrscheinlich bzw. plausibel oder eben nicht plausibel.[11] Schütz entwickelt dieses Bild des alltäglichen Rationalitätsmodus als eines Gewissheitstypus im Anschluss an John Dewey. Dieser bezeichnet die pragmatische Form des mehr oder weniger rationalen vorausschauenden Erwägens anlässlich von Unterbrechungen des routinisierten alltäglichen Handlungsflusses als eine »dramatische Probe« der Einbildungskraft.[12] Insofern alle als problematisch oder krisenhaft gedeuteten Erfahrungen vor dem Hintergrund des fraglos Gegebenen stehen (2003a: 328f.), ist für alltägliche Handlungs- und Verstehensprozesse ein Spannungsverhältnis von Krise und Routine, von Problemidentifizierung und Problemlösung konstitutiv: Alle Problemlösungen bestehen in der Rückführung des fragwürdig Gewordenen in ein neues fraglos Gegebenes durch den Prozess des Befragens. Dazu ist die Auslegung der offenen inneren und äußeren Horizonte des bisher Selbstver-

11 Diesem Hintergrundwissen ordnet Schütz den Typus des ›Rezeptwissens‹ oder des ›Kochbuchwissens‹ zu (1972: 31ff., 38f.). Zu dem damit im Zusammenhang stehenden Problem der Fraglosigkeit und Vertrautheit der Lebenswelt, die für Schütz eben »keineswegs homogen« ist (2003a: 328), vgl. unten S. 113.

12 Vgl. John Dewey, *Human Nature and Conduct* (1922), in: *The Middle Works 1899-1924*, Vol. 14, Carbondale, Edwardsville: Southern Illinois University Press ([4]1992: 127, 132). Dazu Schütz (1972: 37): »Wie John Dewey dargelegt hat, sind wir in unserem täglichen Leben hauptsächlich damit beschäftigt, uns jeweils den nächsten Schritt zu überlegen. Die Menschen halten an und denken nur dann, wenn die Abfolge ihres Tuns unterbrochen wird und wenn die Unterbrechung in der Form eines Problems sie zwingt, alternative Möglichkeiten auszuprobieren, nämlich solche, die ihre vergangene Erfahrung im Konflikt mit diesem Problem ihnen anbietet. Das Bild von der dramatischen Probe der zukünftigen Handlung, das Dewey verwendet, ist ein sehr geglücktes Bild« (vgl. auch: 2003a: 263, 364).

ständlichen und nun aktuell fragwürdig Gewordenen notwendig. Wobei die Entscheidung, ob ein Problem hinreichend gelöst ist oder nicht, im Prinzip regelmäßig einem scheinbar willkürlichen Entschluss entspringt (2003a: 328).

Bedeutsam wird die Einführung des Lebensweltbegriffs in die phänomenologisch fundierte soziologische Analyse der *Common-sense*-Welt insgesamt dadurch, dass er deren Konzentration auf die Analyse des selbstverständlichen menschlichen Erfahrens und Erfassens von und Handelns in der sozialen Wirklichkeit anzeigt. Einer phänomenologisch fundierten Analyse sozialer Wirklichkeit geht es darum, die Grundformen der intersubjektiv erzeugten Wirklichkeit, die dadurch geprägten Strukturen subjektiver Orientierung und die als objektiv angesehenen Strukturen historisch institutionalisierter sozialer Wirklichkeiten im Zusammenhang zu untersuchen.

Mit der Einführung des Begriffs der Lebenswelt in das Forschungsprofil einer phänomenologisch fundierten verstehenden Soziologie kennzeichnet Schütz somit insbesondere zwei Aufgabenbereiche als zentral: erstens die Untersuchung der Prozesse, die zur Konstitution der Geltung sozialer Wirklichkeit in der (subjektiven) natürlichen Einstellung führen und zweitens eine Untersuchung der Prozesse, die zur Konstitution der intersubjektiven Sinnstruktur der sozialen Wirklichkeit führen. Beide Prozesse weisen für Schütz pragmatische (Wirken) und kommunikative (Gespräch) Aspekte auf.

Methodologie der Lebensweltanalyse

Der Einführung des Lebensweltbegriffs kommt nicht zuletzt eine methodologische Bedeutung in Schütz' Werk zu. Das gilt sowohl für das Verständnis des Begriffs der Rationalität als auch für die Reflexion des Verhältnisses von Alltag und Wissenschaft. So kommentiert Gurwitsch die Kernthese von Schütz' großem Methodologie-Aufsatz »Wissenschaftliche Interpretation und Alltagsverständnis menschlichen Handelns« von 1953 (1971a: 3-54) geradezu euphorisch: »Das Herausbringen der Probleme der Rationalität [...] und das Bestehen auf einer gewissen Kontinuität zwischen *common-sense*-Denken und Wissenschaft halte ich für eine wissenschaftstheoretische Leistung ersten Ranges« (Schütz & Gurwitsch 1985: 273).

Ausgangspunkt von Schütz' methodologischen Reflexionen ist die Frage, wie sich subjektiver Sinn objektiv erfassen lässt. Wie also die intersubjektiv konstituierten und solchermaßen im subjektiven Bewusstsein präsenten Sinnstrukturen der sozialen Wirklichkeit einer methodisch kontrollierten wissenschaftlichen Erfassung überhaupt zugänglich sein können. Diese Frage beantwortet Schütz in zwei Schritten: In einem ersten weist er die strukturellen Analogie zwischen alltäglichen und wissenschaftlichen Verstehensprozessen nach und in einem zweiten Schritt erörtert er spezifische Regeln, sog. ›Postulate‹, die auf der Ebene der wissenschaftlichen Begriffsbildung zu einer adäquaten Umsetzung der erstgenannten Einsicht anleiten.

Beginnen wir mit dem ersten Schritt, dem Argument der Kontinuität zwischen Alltag und Wissenschaft aufgrund der strukturellen Analogie von alltäglichen und wissenschaftlichen Verstehensprozessen.[13] Wenn Schütz auch einräumt, dass sich die wissenschaftliche Einstellung von der alltäglichen durch das Moment der Handlungsentlastung, also der Freistellung von pragmatischen Relevanzen und Interessen, unterscheidet, so lassen sich letzten Endes in Schütz' Perspektive diese Bereiche des wissenschaftlichen und des alltäglichen Verstehens nicht vollständig voneinander trennen. Ist es doch erst die personale Kontinuität zwischen dem Wissenschaftler als handlungsentlastetem Beobachter und demselben Wissenschaftler in seiner Rolle als Alltagsmensch, die es ermöglicht, von der alltäglichen in die wissenschaftliche Realität überzuwechseln und die Angemessenheit der wissenschaftlichen Bildung von Typenbegriffen alltäglichen Handelns zu bewerten. Damit ist die pragmatisch desinteressierte Perspektive des wissenschaftlichen Beobachters gerade produktiv an dessen alltagsweltliche Einbindung geknüpft. Die Bereiche der wissenschaftlichen Konstruktion rationalen Handelns und der spezifischen Rationa-

---

13 Um diesen Übergang zu rekonstruieren entwirft Schütz vor Abfassung des *Sinnhaften Aufbaus* im Anschluss an Bergson eine idealtypische Differenzierung von Lebensformen, beginnend mit der ›reinen‹ und ›gedächtnis-begabten Dauer‹ über das handelnde Ich sowie das Ich in der ›Du-Beziehung‹ und das sprechende Ich bis zum logisch begrifflichen Denken (1981: 111, 139, 322ff.).

lität des Alltagshandelns gehen also aus methodologischen Gründen an entscheidender Stelle ineinander über.[14]

Im lebensweltlichen Kernbereich des Alltags mit seiner ›relativ-natürlichen Einstellung‹ (Max Scheler) ist der Mensch von einem praktischen Interesse an den jeweiligen Handlungssituationen geleitet. Relevant ist hier, was für die unmittelbare Bewältigung der Lebensprobleme als vorrangig angesehen wird (für die Dominanz des ›pragmatischen Motivs‹: 2003a: 183 und 2003b: 142 sowie: 2004a: 123). Was jeweils als relevant angesehenen wird, erschließt sich dabei stets nur relativ zu einem Situationskontext.[15] Der Begriff der ›Relevanz‹ bezeichnet das sowohl im alltäglichen Handeln als auch in der wissenschaftlichen Forschung immer in Frage stehende Problem der Auswahl von Erfahrungen, Gegenständen und Themen als aktuell oder potenziell bedeutsam und steht damit für eine allgemeine erkenntnistheoretische Problematik.

Während für den Menschen in der Alltagswelt der Primat des pragmatischen Motivs gilt, ist ihr wissenschaftlicher Beobachter lediglich kognitiv an dieser Welt interessiert und somit von einem anderen Relevanzsystem geleitet. Als unter alltäglich-praktischen Gesichtspunkten »desinteressierter Beobachter« wird seine Situationsdefinition durch das wissenschaftliche Problem bestimmt, das er sich stellt (1971a: 30f., 41ff.). Die wissenschaftsmethodologische Konsequenz, die Schütz aus diesem Umstand zieht, wendet sich sowohl gegen jede Form eines wissenschaftlichen Intuitionismus als auch insbesondere gegen jede ideologisierende Unterscheidung wissenschaftlicher Kulturen: Hinsichtlich ihrer durch spezifische kognitive Interessen strukturierten Begriffs- und Theoriebildungen gibt es keine Differenz zwischen Geistes-, Sozial- und

14 Diese Kontinuitätsthese motiviert schon früh Schütz' Absage an den Dualismus von Erleben und Erkennen (vgl. 1981: 95, 138). Für die Aufhellung dieser Differenz »zwischen dem Erlebnis an sich und der Reflexion über Erlebnisse« bildet die Zeitphilosophie von Henri Bergson für Schütz zunächst den *locus classicus* (1981: 80).

15 Dabei ist zwischen »intrinsischen« und »auferlegten« Relevanzen zu unterscheiden. Werden die Ersteren als subjektiv frei bestimmbar, so die Letzteren als von außen gesetzte, wesentlich sozial vorgegebene, außerhalb eigener Kontrolle liegende Grenzen erfahren (2004b: 90ff. 130ff.). Vgl. dazu unten S. 104.

Naturwissenschaften. Konstitutiv ist für alle Disziplinen jeweils eine »wissenschaftliche Problemrelevanz« (1971a: 56f., 75f.).

Schütz' Überlegungen zur prinzipiellen Verzahnung alltäglicher und sozialwissenschaftlicher Verstehensprozesse stehen im Kontext der um die Jahrhundertwende zuerst von Friedrich Nietzsche (1844-1900) und Wilhelm Dilthey (1833-1911) erarbeiteten Einsicht, dass »alle Tatsachen immer schon interpretierte Tatsachen« sind. Das spezifische Problem der Sozialwissenschaften ergibt sich aus dem Umstand, dass ihr Gegenstandsbereich, die Sozialwelt, bereits »eine besondere Sinn- und Relevanzstruktur« aufweist, also eine seitens der in ihr Handelnden immer schon gedeutete Welt ist.[16] Angesichts dieser immer schon gegebenen Vorverstandenheit ihres Gegenstandes habe, so Schütz, die sozialwissenschaftliche Begriffsbildung – als Instrument der Interpretation der sozialen Welt – von den Strukturen des alltäglichen Verständnisses und der alltäglichen Typenbildung der in der Sozialwelt handelnden Menschen auszugehen (1971: 6f., 68). Weil bereits die alltägliche Umgangssprache typisierend verfährt, weil sie ein Reservoir von Typisierungen darstellt, können und müssen die Sozialwissenschaften auch ihrerseits typisierend verfahren, also Typenbegriffe bilden, wenn sie adäquate Konzeptionen alltäglicher Sozialsituationen entwickeln wollen.

Die idealtypische Begriffsbildung der Sozialwissenschaften schließt sich so mit ihren typisierenden Konstruktionen ›zweiter Ordnung‹ an die alltäglichen Typisierungsprozesse ›erster Ordnung‹ an (1971a: 28, 39 sowie zusammenfassend 1971a: 49f., 1972: 44ff., 1977: 74f.). So ist beispielsweise sowohl im Alltag wie auch in der Wissenschaft auf je unterschiedliche Weise eine Vorstellung davon leitend, was eine Handlung oder ein(e) Handelnde(r) ist. Der Unterschied zwischen alltäglichem und wissenschaftlichem Wissen lässt sich danach gerade *nicht* auf die Differenz von Rationalität und Irrationalität abbilden, sondern verweist auf unterschiedliche

16 Die vermeintlich so konkreten Tatsachen des alltäglichen Lebens und der alltäglichen Wahrnehmung sind also nicht in einem geradezu naturalistischen Sinne konkret. Ihre Konkretheit ist durch die im alltäglichen Wahrnehmen und Denken zur Anwendung kommenden Begriffe, Vorstellungshorizonte und Perspektiven stets vermittelt. Entsprechend ist der von Whitehead so genannte ›Fehlschluss der unangebrachten Konkretheit‹ (›fallacy of misplaced concreteness‹) zu vermeiden (1971a: 5).

Rationalitätstypiken: Im Alltag ist das Wissen pragmatisch strukturiert, es ist zukunftsoffen, vage und kontextgebunden. In der Wissenschaft durchläuft das Wissen einen Prozess der methodischen Verallgemeinerung, Präzisierung und Umformung auf die jeweils leitende »wissenschaftliche Problemrelevanz« hin.

Dieser Zusammenhang leitet über zum zweiten, von Gurwitsch ebenfalls als wegweisend angesehenen Schritt der These einer strukturellen Analogie zwischen alltäglichen und wissenschaftlichen Verstehensprozessen. Um diese Analogie methodisch abzusichern, führt Schütz eine Reihe so genannter ›Postulate‹ ein, die den Prozess der Entwicklung wissenschaftlicher Begriffsbildung anleiten sollen. Bei diesen Postulaten handelt es sich im Kern um die der (a) subjektiven Interpretation, der (b) Adäquanz und der (c) logischen Konsistenz:

(a) Dem ›Postulat der *subjektiven Interpretation*‹ zufolge muss der Sozialwissenschaftler fragen, »welches Modell eines individuellen Bewußtseins konstruiert werden kann und welche typischen Inhalte ihm zuzuordnen sind, damit die beobachteten Tatsachen als Ergebnis der Tätigkeit eines Individuums in einem verständlichen Zusammenhang erklärt werden« können. Nur solchermaßen ergibt sich für Schütz die Möglichkeit, »jede Art menschlichen Handelns oder dessen Ergebnis auf den subjektiven Sinn zurückzuführen, den dieses Handeln oder sein Ergebnis für den Handelnden gehabt hat« (1971a: 50, vgl. 1972: 46, 72; 1977: 65).

(b) Dem ›Postulat der *Adäquanz*‹ zufolge muss »jeder Teil eines solchen wissenschaftlichen Modells menschlichen Handelns so konstruiert werden, daß eine in der wirklichen Welt von einem individuellen Handelnden nach Maßgabe der typischen Konstruktion ausgeführte Handlung dem Handelnden selbst ebenso verständlich wäre wie seinen Mitmenschen, und zwar in den Begriffen der Alltagsinterpretationen«. Erst dadurch wird es Schütz zufolge möglich, »die Verträglichkeit der gedanklichen Gegenstände des Sozialwissenschaftlers mit den Konstruktionen des alltäglichen Lebens« sicherzustellen und »sich überhaupt auf Ereignisse in der Lebenswelt beziehen« zu können (1971a: 74, vgl. 1971a: 50, 1972: 47, 1977: 75, 2003a: 229).[17]

17 In direktem Zusammenhang mit diesem Postulat steht das »Postulat der Rationalität«, das dem Gehalt des »Postulats der Adäquanz« eine

(c) Dem ›Postulat der *logischen Konsistenz*‹ schließlich zufolge müssen die typischen Konstruktionen des Sozialwissenschaftlers »mit dem höchstmöglichen Grad an Klarheit und Bestimmtheit des verwendeten Begriffsrahmens begründet werden und mit den Prinzipien der formalen Logik völlig verträglich sein«. Für Schütz verbürgt dieses Postulat die »objektive Gültigkeit« der sozialwissenschaftlich entwickelten Typenbegriffe (1971a: 49, vgl. 1971a: 74, 1977: 75, 2003a: 229).

Schütz' Überlegungen zur methodologischen Grundlegung der Soziologie als einer Erfahrungswissenschaft vom Sinngeschehen sind von einem klaren Bewusstsein der Grenzen des analytischen Potenzials der Soziologie begleitet. Besonders nachdrücklich geht dies aus einer brieflichen Mitteilung an seinen Freund Gurwitsch vom 11. Juni 1945 hervor. Dort heißt es: »Sobald Soziologie den Anspruch erhebt, die Welträtsel zu erklären, von der Bestimmung des Menschen zu handeln, erkenntnistheoretische Kategorien auf das gesellschaftliche Sein zurückzuführen und so fort, ist sie schon dem nihilistischen Teufel verfallen« (Schütz & Gurwitsch 1985: 134). Nicht also Sinndeutung zu Weltorientierungszwecken, sondern die rekonstruktive Analyse von Sinnstrukturen und ihrer Genese auf der Grundlage einer typenbildenden Methodologie ist Aufgabe einer phänomenologisch fundierten verstehenden Soziologie.

Zentrale Problemstellungen des Werkes

Die Einführung des Lebenswelt-Begriffs wie die Orientierung über Kernelemente von Schütz' Methodologie der Lebensweltanalyse veranschaulichen die drei zentralen Problemstellungen, die Schütz im Rahmen seines Werkes beschäftigen. Es ist dies *erstens* das Verständnis von Sinnsetzungen und Sinnstrukturen als Prozesse, also das Phänomen der ›Zeit‹; es ist *zweitens* der Zusammenhang von Sinn, Handeln und Wirklichkeit, also die Analyse des ›Wir-

---

pragmatische Wendung gibt, wenn Schütz formuliert, dass »der Handelnde in der lebendigen Welt die typisierte Handlung ausführen würde, wenn er eine klare und deutliche wissenschaftliche Kenntnis aller Elemente besäße« (1972: 48, vgl. 1971a: 51).

kens‹; und damit ist es *drittens* die Untersuchung der interaktiven Konstruktion sozialer Wirklichkeit, also des Phänomens der ›Intersubjektivität‹. Diese Stichworte Zeit, Wirken und Intersubjektivität benennen die drei, das gesamte Werk von Schütz durchziehenden und seine Konzeption einer phänomenologisch fundierten verstehenden Soziologie formierenden Problemstellungen.

›Sinn‹ und ›Sinnstrukturen‹ als zeitliches Phänomen zu deuten heißt für Schütz, die sich in jeder Sinnsetzung realisierende ›Zeitstruktur‹ zum Gegenstand der Analyse zu machen. Danach erweist sich ›Sinn‹ stets als reflexiv gewonnener Sinn, d. h. als Form der ›Zuwendung‹ zu eigenem Erleben (2004a: 127f.). Eine Zuwendung, die im Kern auf die zwei temporalen Phänomene der ›lebendigen Gegenwart‹ (›vivid present‹) und der ›ausgedehnten Gegenwart‹ (›specious present‹) verweist. Bezeichnet der von W. James übernommene Begriff der ›ausgedehnten Gegenwart‹ den Umstand, dass jedes auftauchende Phänomen stets mit seinem Vorher und Nachher zu einem Gegenwartshorizont verschmilzt (vgl. 2005: 94f.),[18] so umschreibt der Begriff der ›lebendigen Gegenwart‹ den Schnittpunkt von innerer (subjektiver) Zeit (›durée‹) und äußerer (objektiver, kosmischer) Weltzeit im menschlichen Wirken (2003a: 191, 231). Eine Konzeption, die u. a. relevant wird für eine Abgrenzung von Alltag und Wissenschaft, wobei in Letzterer diese Zeitperspektive der lebendigen Gegenwart fehlt (2003a: 231).

Insofern die ›lebendige Gegenwart‹ mit Blick auf die jeweilige »Spannweite« der Handlungsentwürfe stets als »ausgedehnte Gegenwart« , also als Gegenwartshorizont durch die »vormals festgestellten Probleme« und die daraufhin »antizipierten Ergebnisse«, also Lösungen konstituiert wird (2003a: 231), ist ›Sinn‹ im Kern das Resultat wechselseitig aufeinander orientierten sozialen Handelns, also von Prozessen des ›Wirkens‹. Entsprechend konzentriert sich Schütz im *Sinnhaften Aufbau* auf die Klärung der von Max Weber für die Konzeption einer verstehenden Soziologie

18 »Ähnliches gilt«, so Schütz, »für die Raumstruktur des aktuell Gegebenen, für welche natürlich ›Welt in aktueller Reichweite‹ durch ›Welt in vormaliger (künftiger) Reichweite‹, ›Welt in Reichweite des Anderen‹ transzendiert wird« (Schütz am 13. Oktober 1954 an Gurwitsch, in: Schütz & Gurwitsch 1985: 363f.).

entwickelten Begrifflichkeit, insbesondere auf die Klärung des »eigentliche[n] Grundbegriff[s] der verstehenden Soziologie«, des »Begriff[s] der sinnhaften und daher verstehbaren Handlung des einzelnen« (2004a: 87).[19] Unter ›Wirken‹ versteht Schütz ein »Handeln in der äußeren Welt aufgrund eines Entwurfs und einer Intention (Absicht), den entworfenen Zustand durch Körperbewegungen hervorzubringen« (2003a: 186). Der Begriff des ›Wirkens‹ steht bei Schütz für das sich in Kopräsenz vollziehende ein- oder wechselseitige Handeln und Kommunizieren zwischen Individuen, die im Vollzug dieses Wirkens ihre jeweilige Vergangenheit, Gegenwart und Zukunft zur »spezifischen Zeitdimension« der ›lebendigen Gegenwart‹ integrieren (2003a: 186).

Deshalb bezeichnet der Begriff der ›Wirkensbeziehung‹ bei Schütz den eigentlichen Konstitutionsmechanismus der sozialen Wirklichkeit. Er steht für einen intersubjektiven Motivzusammenhang, für eine wechselseitige Verschränkung von Um-zu- und Weil-Motiven, also für den Umstand, dass »die Um-zu-Motive des Handelnden zu Weil-Motiven seines Partners werden und umgekehrt« (1971a: 26).

Schließlich charakterisiert Schütz die verstehende Soziologie im Anschluss an Max Weber schon früh als »eine Erfahrungswissenschaft vom Du« (1981: 95, 138). Diese Erfahrungswissenschaft soll ihre Fundierung durch die Untersuchung des Phänomens der ›Intersubjektivität‹ erhalten. Im Sinne dieser Argumentationslinie resümiert Schütz nicht zuletzt seine Kritik an Husserls später Verwendung des Lebensweltbegriffs (vgl. oben S. 51ff.) dahingehend, dass überhaupt nicht einzusehen sei, »wieso Husserl hoffen kann, ohne Aufklärung der Intersubjektivität zur Idee einer Ontologie der Lebenswelt zu kommen« (Schütz & Gurwitsch 1985: 379).[20] Die

19 In einem Brief an Gurwitsch vom 19. August 1939 formuliert Schütz: »Es wird endlich an der Zeit sein, das Handeln, nämlich das leiblich äußere *prattein* [griech.: handeln] zum Thema der Philosophie zu machen.« Erläutert wird dies im Brief vom 25. Januar 1952: »Ich glaube, dass die Realität der Welt des täglichen Lebens auf ihrer Struktur als Wirkwelt beruht« (Schütz & Gurwitsch 1985: 43, 247).

20 Schütz transzendiert somit die klassische soziologische Fragestellung nach dem Verhältnis von Individuum und Gesellschaft konstruktiv

Analyse von Phänomenen und Strukturen der Intersubjektivität muss für Schütz somit am Anfang jeder soziologischen Analyse stehen, denn »die gesamte intersubjektive Welt des Wirkens [...] und sogar das Problem, wie die Existenz der Mitmenschen und ihr Denken in der natürlichen Einstellung erfahren werden können, sind [...] der eigentliche Hauptgegenstand der sogenannten Sozialwissenschaften« (2003a: 232).[21] Und im Zuge einer Selbstbeschreibung seiner theoretischen Arbeit kleidet Schütz in einem Brief an Gurwitsch vom 7. Dezember 1957 deshalb konsequent »*das Schütz-Problem*« in die Frage: »Wo setzt Sozialisierung und Intersubjektivität ein?« (Schütz & Gurwitsch 1985: 420).

Mit dieser Orientierung über die Kernthemen des Werkes sind die Einsatzpunkte von Schütz' frühem Hauptwerk über den *Sinnhaften Aufbau der sozialen Welt* benannt. In dieser Arbeit wendet Schütz sich der Bedeutung der Zeit für das Verständnis von Handeln und Sinn zu, erörtert Wirken als Konstitutionsmechanismus der sozialen Welt und nimmt einen ersten Anlauf zur Behandlung des Intersubjektivitätsproblems über die Analyse des Fremdverstehens.

---

aufgrund seiner Einsicht in die dialektisch aufeinander bezogene Konstitution von Intersubjektivität und Subjektivität.

21 In einem Brief an Gurwitsch vom 29. August 1951 stellt Schütz nochmals klar, das von der »Fundierung der Lebenswelt in der Intersubjektivität« auszugehen sei (Schütz & Gurwitsch 1985: 228). Denn, wie er am 20. April 1952 ausführt: »Die natürliche Welt ist durch und durch *social* und *social* ist auch unsere Kenntnis von dieser Welt, eben in der natürlichen Anschauung« (Schütz & Gurwitsch 1985: 280). Vgl. die Hinweise bei Barber (2004: 16, 25, 31 u. ö.), die Intersubjektivität als Schütz' Zentralthema ausweisen.

IV Grundlegung verstehender Soziologie: Der sinnhafte Aufbau der sozialen Welt

Am 25. Oktober 1931 schreibt Felix Kaufmann an Edmund Husserl: »Für eine der wichtigsten Arbeiten zur Theorie der Sozialwissenschaften […] halte ich das eben vollendete Buch von Dr. Alfred Schütz ›*Der sinnhafte Aufbau der sozialen Welt*‹, welches in den nächsten Wochen in Druck geht und in wenigen Monaten (im Verlag Springer) erscheinen soll. Ich habe das M[anu]s[kript] sorgfältig studiert und halte die darin durchgeführten Analysen […] fast durchwegs für mustergültig und deren Ergebnisse für einen sehr bedeutsamen Fortschritt gegenüber dem bisherigen Stand der Sozialwissenschaften. Dieses Buch ist unter den subjektiv schwierigsten Umständen zustande gekommen, da der Autor tagsüber angestrengt beruflich tätig ist; er musste durch mehrere Jahre einen großen Teil der Nacht und die Wochenenden darauf verwenden.«[1]

Diese Einschätzung von Kaufmann sollte sich, wenn auch mit einer Verspätung von mehreren Jahrzehnten, in jeder Hinsicht bestätigen. Denn Schütz' Arbeit wurde ab Mitte der 1960er-Jahre zu einem Ausgangspunkt der Neuorientierung der soziologischen Theorie und Forschung. In ihr entfaltet Schütz sein Verständnis einer phänomenologischen Fundierung der verstehenden Soziologie und deren Forschungsprofil. Dieses 1932 erscheinende Hauptwerk *Der sinnhafte Aufbau der sozialen Welt* markiert für Schütz letztlich das Zwischenresümee eines zwölfjährigen Arbeitsprozesses.[2]

---

1 Vgl. *Husserl-Briefwechsel* Bd. IV, Dordrecht, Boston, London: Kluwer (1993: 182f.). Husserl teilt Ludwig Landgrebe am 1. Mai 1932 brieflich mit: Ich »erhielt […] aus dem Wiener erstaunlich eifrigen Phänomenologenkreis ein […] Werk: A. Schütz, Der sinnhafte Aufbau der sozialen Welt, und ebenfalls mit überraschend tiefem Verständnis meiner konstitutiven Phänomenologie und auf sie fußend verfaßt (Bankbeamter in Wien)« (ebd. 286f.).

2 Es muss dabei offen bleiben, inwiefern die Titelgebung dieses Werkes durch die 1928 von Rudolf Carnap in seiner Arbeit *Der logische Aufbau der Welt* entwickelte neo-positivistische Wirklichkeitsauffassung inspiriert

Die Ausarbeitung des *Sinnhaften Aufbaus* fällt in eine Zeit der intensiven Auseinandersetzungen um den theoretischen Status und die methodische Anlage der Soziologie als einer eigenständigen wissenschaftlichen Disziplin. In diesem Grundlagenstreit sucht Schütz eine vermittelnde Position zu gewinnen insbesondere zwischen den Ansätzen seines Lehrers Ludwig von Mises' und der Grundlegung der verstehenden Soziologie durch Max Weber. Seine leitende These lautet: Der Sinn, den Menschen der Wirklichkeit und ihrem Handeln zuschreiben, entsteht aus diesem Handeln selbst, d.h. aus dem Umgang mit Gegenständen und Interaktionspartnern und den darin zum Ausdruck kommenden Relevanzen, so dass jede »Sinndeutung der Sozialwelt [...] ›*pragmatisch bedingt*‹« ist (2004a: 123). Der Aufklärung dieses Zusammenhangs zwischen menschlichem Handeln und Wissen und den Sinnstrukturen der Wirklichkeit gilt Schütz' Forschungsinteresse. Es geht ihm darum, den durch das wechselseitige *Handeln* der Menschen entstehenden *sinn*haften Aufbau der sozialen *Wirklichkeit* zu rekonstruieren. Somit kann die Soziologie nicht naiv eine intersubjektiv konforme Sinndeutung der sozialen Wirklichkeit unterstellen, sondern sie muss die Prozesse in den Blick bekommen, in denen sich diese Sinnsetzungen aufbauen: Die Nicht-Selbstverständlichkeit des Selbstverständlichen bildet den Ausgangspunkt des Forschungsinteresses einer phänomenologisch fundierten verstehenden Soziologie.

Zwei Argumentationsstränge

Schütz geht von dem Modell eines alltäglichen interpretativen Weltverhältnisses aus, das sich knapp folgendermaßen skizzieren lässt: Im praktischen Umgang mit Objekten und in der Interakti-

---

war. Denkbar wäre dies nicht zuletzt über die Vermittlung von Felix Kaufmann, der wie Carnap dem Wiener Kreis angehörte. Eine weitere Publikation, die die Formulierung des Titels von Schütz' Hauptwerk beeinflusst haben könnte, ist die von David Koigen 1929 vorgelegte Studie *Der Aufbau der sozialen Welt im Zeitalter der Wissenschaft. Umrisse einer soziologischen Strukturlehre* (Berlin: Heymanns). Verifizieren lässt sich zum gegenwärtigen Zeitpunkt jedoch keine dieser Optionen.

on mit Mitmenschen eröffnet sich dem Menschen der Zugang zum Verstehen von Welt. Der Sinn, den Menschen der Wirklichkeit, der sozialen Welt und ihrem eigenen Handeln zuschreiben, entsteht prinzipiell aus ihrem Handeln selbst und verändert sich entsprechend durch dieses Handeln. Diese Einsicht in den sinnhaften Aufbau der sozialen Welt erschließt sich jedoch erst im Zuge der nachträglichen Deutung vollzogenen Handelns.

Dabei stimmt Schütz zwar Webers Konzeption zu, Soziologie als Wissenschaft zu bestimmen, »welche soziales Handeln deutend verstehen« will, und die »Handeln« dadurch charakterisiert sieht, dass »der oder die Handelnden mit ihm einen subjektiven Sinn verbinden«.[3] Die Klärung dieser Begriffe erfordere aber, so Schütz, eine philosophische Grundlegung der verstehenden Soziologie, die »die Wurzeln der sozialwissenschaftlichen Problematik bis zu den fundamentalen Tatsachen des Bewußtseinslebens« zurückverfolge (2004a: 75). Es müsse nämlich zunächst verständlich gemacht werden, was Sinnsetzung im Handeln in subjektiver wie intersubjektiver Hinsicht überhaupt heiße und inwiefern eine Erfahrungswissenschaft vom Sinnverstehen – wie die Soziologie – in der Lage ist, die »subjektiven« Sinnsetzungen im kontinuierlichen Ablauf der Ereignisse im Alltag wissenschaftlich »objektiv« zu erfassen (vgl. 2004a: 406, auch: 331ff., 429ff. sowie 1971a: 30f., 49).

Entsprechend verfolgt Schütz im Rahmen des *Sinnhaften Aufbaus* zwei Argumentationsstränge: die (1) systematische Perspektive wird (2) von einer genetischen Perspektive flankiert (Endreß & Renn 2004: 44, 45, 48ff.). So führt Schütz gegen Ende des *Sinnhaften Aufbaus* über das damit bezeichnete »Gegenstandsgebiet und Verfahren der verstehenden Soziologie« aus: »Aufgabe dieser Wissenschaft ist zunächst und vor allem [1] die Beschreibung der Sinndeutungs- und Sinnsetzungsvorgänge, welche die in der Sozialwelt Lebenden vollziehen. Diese Deskription kann eine empirische oder eidetische sein, sie kann Individuelles oder Typisches zum Gegenstand nehmen, sie kann an konkreten Situationen der mundanen Sozialität oder in einem hohen Allgemein-

3 So Max Webers Bestimmungen in § 1 von *Wirtschaft und Gesellschaft. Grundriß der verstehenden Soziologie*. Hg. v. Johannes Winckelmann, Tübingen: Mohr (⁵1976).

heitsgrad durchgeführt werden. Darüber hinaus aber will die verstehende Soziologie [2] mit den so gewonnenen Deutungsschemata an eben jene Kulturobjekte herantreten, die sich in den Sinnsetzungs- und -deutungsvorgängen in der sozialen Welt konstituierten, und diese Kulturobjekte durch Rückfrage nach dem sie konstituierenden Sinn ›verstehen‹ « (2004a: 438).

Diese Doppelstrategie findet ihren Niederschlag im Aufbau des Argumentationsgangs des *Sinnhaften Aufbaus*. Das Werk gliedert sich in fünf Abschnitte: Ausgehend von einer vorbereitenden kritischen Analyse der »Unklarheiten« einiger Grundbegriffe, insbesondere des Handlungs- und des Sinnbegriffs der Soziologie Max Webers (1. Abs.) legt Schütz im Hauptteil seiner Untersuchung eine durch die phänomenologische Philosophie angeleitete Analyse dieser Grundbegriffe vor. Ziel dieser Analyse ist es, sowohl deren Klärung voranzutreiben als auch die Einsicht in die erforderliche »Unterscheidung zwischen dem sinnhaften Leben in der sozialen Welt und der sinnhaften Deutung eben dieses Lebens durch die Sozialwissenschaften« zu profilieren und die ›Mitwelt‹ als den alleinigen Gegenstand der Sozialwissenschaften aufzuweisen (2.-4. Abs.). Den Begriff der ›Mitwelt‹ reserviert Schütz dabei für den Ausschnitt der sozialen Welt, der sich nicht in räumlich-zeitlicher Kopräsenz zu einem/r Handelnden befindet. Die abschließenden Überlegungen schlagen erneut den Bogen zur Auseinandersetzung mit Webers Werk und den Methodenproblemen der verstehenden Soziologie, insbesondere zur Konzeption des Idealtypus (5. Abs.).

Die angesprochene Doppelstrategie einer genetischen *und* systematischen Entfaltung des zentralen Arguments wird in den drei mittleren Abschnitten des *Sinnhaften Aufbaus* durchgeführt. Dieser Hauptteil beginnt (a) mit der *Konstitutionsanalyse* des Sinnphänomens, d. h. der Analyse des Entstehens von Sinnstrukturen der Sozialwelt, und geht dann über (b) in die *Strukturanalyse* der Sozialwelt, um zu zeigen, in welcher Form die Sinnsetzungsprozesse aufgrund verschiedener sozialer ›Auffassungsperspektiven‹ notwendig variieren (2004a: 209).

Im Zuge dieser Argumentation wechselt Schütz erklärtermaßen seine Betrachtungsweise. Während er die genetische Analyse der Entstehung von Sinnphänomenen im einsamen Ich als »streng phänomenologisch« charakterisiert, nehmen die Analysen der

Sinnsetzungsprozesse in der Sozialwelt in den beiden folgenden Abschnitten ihren Ausgang von der ›relativ natürlichen Weltanschauung‹ (Max Scheler). Die Analyse der Sinnstrukturen der sozialen Welt geht also von der natürlichen Einstellung in der Sozialwelt aus, in der die Existenz anderer Menschen als fraglos gegeben angenommen wird (2004a: 219).[4] Aus diesem Grund kann Schütz, Husserl zitierend, erklären, nichts anderes zu betreiben »als konstitutive Phänomenologie der natürlichen Einstellung« (2004a: 130). Für diese »Welt des täglichen Lebens« gilt, dass sie »von Anbeginn an eine intersubjektive Welt ist« (2003a: 193, 2004a: 220, 1971a: 11). Die im engeren Sinne philosophische Begründungsproblematik interessiert Schütz nicht vorrangig, sondern im Kern ist sein Untersuchungsinteresse bereits im *Sinnhaften Aufbau* ein soziologisches.

Damit ist für Schütz bereits zum Zeitpunkt der Ausarbeitung des *Sinnhaften Aufbaus* klar, dass von einer Dialektik, also von einer prinzipiellen, in keiner Weise einseitig auflösbaren Verzahnung von subjektiven und sozialen (intersubjektiven) Sinnsetzungsprozessen auszugehen ist. Dieser Kerngedanke eines notwendigen Verweisungszusammenhang von Subjektivität und Sozialität ist es, der für Schütz zugleich die nicht auflösbare Verzahnung von philosophischer und soziologischer Analyse begründet, also von Konstitutionsanalyse einerseits sowie allgemeiner soziologischer Strukturanalyse und empirisch verfahrender verstehender Soziologie andererseits.[5]

4 Damit kehrt hier in anderer Form das Problem wieder, das Schütz dazu führte, seinen zunächst an Bergson orientierten Fundierungsversuch auf der Basis der Philosophie Husserl neu zu konzipieren (vgl. dazu die Hinweise von Srubar in Schütz 1981: 339: Anm. H31). Inwiefern dies ein Indiz ist für einen nicht kittbaren Bruch zwischen Phänomenologie und verstehender Soziologie kann im vorliegenden Zusammenhang nicht erörtert werden.

5 Dieser Ausgang von der intersubjektiv strukturierten Sozialwelt macht deutlich, dass Schütz' Position nicht einfach als ›methodologischer Individualismus‹ beschrieben werden kann. Eine derartige Zuordnung bedarf schon für Weber der näheren Erläuterung, aber in noch viel ausgeprägterem Maße verdeckt sie den systematischen Zuschnitt von Schütz' Analysen, die ihren Kern in der grundsätzlichen Intersubjektivität von Sinnstrukturen haben.

Verstehensprozesse und die Struktur der Sozialwelt

Die Ausarbeitung der beiden Argumentationsstränge des doppelperspektivischen Aufbaus der Analysen des *Sinnhaften Aufbaus* kann nun näher betrachtet werden:

Zunächst vollzieht sich die phänomenologische *Konstitutionsanalyse* des Sinnphänomens in der Sozialwelt, also die Analyse des Ursprungs von Sinnsetzungen, in drei Stufen: Schütz beginnt – erstens – mit einer hypothetisch angenommenen ›Sphäre des einsamen Ich‹, um mit Husserl die Genese von Sinn im Erleben des Einzelnen aufzuweisen – die Frage des ›Selbstverstehens‹ (2004a: 2. Abs., §§ 7-18). Danach ist nur das Erlebte und nicht das Erleben selbst sinnvoll, da wir erst in einem reflexiven Akt in der Lage sind, ein Erlebnis als »wohlumgrenztes« aus dem kontinuierlichen Erlebnisstrom herauszuheben. ›Sinn‹ ist die spezifische Form der Zuwendung zu einem abgelaufenen Erlebnis (2004a: 127f.); d. h. Sinn konstituiert sich in einer Gegenwart durch die reflexive Hinwendung zu vormaligen Erlebnissen bei gleichzeitigem Entwerfen eines zukünftig als abgeschlossen vorgestellten Prozesses. Entsprechend ist für die Analyse des Handelns zwischen dem ablaufenden Handeln auf der einen Seite und der abgeschlossenen Handlung auf der anderen Seite zu unterscheiden (§§ 9, 10, 12): ›Handeln‹ (als Erzeugungsprozess) ist in seinem Ablauf von einem Entwurf geleitet, in dem eine zukünftig als abgeschlossen vorgestellte Handlung (als Erzeugtes) entworfen wird. Insofern die aktuelle biografische Situation die Form der Aufmerksamkeit auf das Erlebte bestimmt, verändert sich zugleich die ›Sinnstruktur‹ mit jeder Veränderung des jeweiligen ›Jetzt und So‹. Jede Deutung trägt also ihren spezifischen temporalen wie situativen ›Index‹, weshalb Schütz von der »pragmatischen Bedingtheit der Sinndeutung« spricht (2004a: 178).

Handlungsverstehen vollzieht sich danach als Motivverstehen, wobei zwischen dem Um-zu-Motiv, also der Orientierung des Handelns an einem in der Zukunft als abgeschlossen vorgestellten Ereignis (Handlungsentwurf), und dem Weil-Motiv des Handelns, also dem Rückbezug des Handelns auf ein vergangenes motivierendes Erlebnis zu unterscheiden ist (§§ 17-18). Während also Um-zu-Motive auf den Zweck, das Ziel oder den Zustand verweisen, der oder das durch ein Handeln erreicht werden soll, so verweisen Weil-Motive auf die Gründe, Erfahrungen oder Umstände, die zu einem Handeln geführt haben.[6]

Auf diese Konstitutionsanalysen folgt – zweitens – die Untersuchung des Problems der »Sinngebung in der Sozialwelt« (3. Abs., §§ 19-28). Es geht um den Menschen »in seiner naiv natürlichen Einstellung« – heute würde man von ›Alltagsmenschen‹ sprechen. Die Analyse des ›Fremdverstehens‹ zeigt zunächst, dass das Verstehen des Anderen auf der Erfahrung der Erlebnisse des *ego* vom *alter ego* (des Ich vom anderen seiner Selbst) fundiert ist und sich somit in »Gleichzeitigkeit« vollzieht – als »Phänomen des Zusammenalterns« (§§ 20-21). Fremdverstehen als die Zuwendung zum subjektiven Sinnzusammenhang eines *alter ego* kann dabei prinzipiell nur zeichenvermittelt geschehen. Damit wendet Schütz sich sowohl gegen intuitionistische Vorstellungen, die das Verstehen Anderer auf Empathie zurückführen, als auch gegen die Vorstellung, ein vollständiges Verstehen Anderer sei möglich. ›Fremdverstehens‹ orientiert sich an den ›Objektivationen‹, an den in der sozialen Wirklichkeit erkennbaren Ausdrucksformen, die als Ausprägungen fremder Bewusstseinserlebnisse realisiert werden. Es geht Schütz somit stets um die pragmatische Struktur alltäglichen Verstehens. Dabei kann sich die Deutung ausschließlich auf den »fertig konstituierten Sinnzusammenhang des Erzeugten«, also die verwirklichte Ausdrucksgestalt (objektiver Sinn), oder zusätzlich auf die »Erlebnisse des [den Ausdruck] Erzeugenden« (subjektiver Sinn) beziehen (§ 27).

In interaktiven Prozessen entstehen auf diese Weise – drittens – durch die wechselseitige Abstimmung subjektiver Erfahrungsschemata über Zeichensysteme (z. B. Sprache) im Rahmen von Wirkensbeziehungen, in denen Handlungen stets Zeichencharakter haben, soziale, intersubjektiv geteilte Erfahrungsmuster (§§ 24, 31).[7] Wobei für Schütz aufgrund der Einsicht in die immer schon

6 Vgl. für eine systematisierende Übersicht über die von Schütz entwickelte Handlungsbegrifflichkeit und -analyse: M. Endreß, »Phänomenologisch angeleitete Vermittlung von verstehender Soziologie und begreifender Ökonomik: Alfred Schütz' handlungsanalytische Perspektive«, in: M. Gabriel (Hg.), *Paradigmen der akteurszentrierten Soziologie*, Wiesbaden: VS 2004, insbes. 241-247.

7 Es ist diese soziologische Fassung des Problems der Sinnkonstitution,

intersubjektive Struktur der sozialen Welt klar ist, dass für eine Darstellung des Entstehens intersubjektiver Erfahrungsmuster von einer lediglich analytischen und keineswegs realen Unterscheidung von subjektiven und intersubjektiven Mustern auszugehen ist.

Die Wahl dieser Darstellungsform legt sich für Schütz gleichwohl aus didaktischen Gründen nahe. Im Selbstverständnis von Schütz präsentiert der *Sinnhaften Aufbau* also keinen geschlossenen konstitutionsanalytischen Argumentationsgang. Es geht hier darum, in prototypischer Analyse den zentralen Mechanismus der Sinnkonstitution im Fremdverstehen herauszuarbeiten; wohl wissend, dass es sich beim Ausgang vom »isolierten Bewusstseinsstrom des einzelnen Individuums« um eine »fiktive Abstraktion« handelt (2003a: 193; vgl. 2003a: 59, 115, 140).[8]

Die über wechselseitige Abstimmungsprozesse entstehenden intersubjektiven Erfahrungsmuster erfahren aufgrund ihrer pragmatischen Bedeutsamkeit nicht nur eine Verdichtung, sondern sie werden zum selbstverständlichen Teil der Weltorientierung. Aufgrund dieser ›Sedimentierung‹ der Deutungsschemata unserer Erfahrung wird einsichtig, wie sich die Erfahrungswelt als Zusammenhang verschiedener Ordnungen von Sinnsetzungen aufbaut. Zwei zentrale Konstitutionsmechanismen der Sozialwelt stellt Schütz hier heraus: das ›Wirken‹ als ein soziales Handeln, das in der Absicht entworfen wird, Reaktionen anderer herbeizuführen, und die ›Wir-

---

die letztlich den Grund für Schütz' Absage an Husserls Konzeption transzendentaler Intersubjektivität bildet; vgl. Schütz' Aufsatz von 1957 über »Das Problem der transzendentalen Intersubjektivität bei Husserl« (1971b: 86ff.). Im Rahmen des *Sinnhaften Aufbau* spielt *diese* späte grundsätzliche Kritik an Husserls Ansatz noch keine Rolle (vgl. Endreß & Renn 2004: 42ff.).

8 Einen geschlossenen konstitutionsanalytischen Argumentationsgang unterstellt irrtümlicherweise auch die von Michael Theunissen vorgetragene Kritik an diesem Übergang von einer aus subjektiver Perspektive ansetzenden Analyse des Fremdverstehens zu einer Analyse der intersubjektiv konstituierten Strukturen der sozialen Welt, wenn er argumentiert, dass kaum einleuchte, »warum Schütz ihrer Beschreibung eine ›Theorie des Fremdverstehens‹ voranstellt, die von den inneren Differenzen der Sozialwelt mehr oder weniger abstrahiert« (vgl. *Der Andere. Studien zur Sozialontologie der Gegenwart*, Berlin, New York: de Gruyter 1965: 407f.).

kensbeziehung‹ als ein intersubjektiver Motivationszusammenhang, in dem sich der Aufbau von intersubjektiv geteilten Deutungsschemata vollzieht (§§ 30-32).[9] Mit diesen Überlegungen ist für Schütz der Ansatzpunkt für die Strukturanalyse der Sozialwelt gegeben.

Die ›Struktur der Sozialwelt‹ ist also das Resultat dieser interaktiven Prozesse: Entsprechend legt die *Strukturanalyse* der Sozialwelt deren Gliederung durch intersubjektiv geltende Handlungs-, Situations- und Personentypologien frei, die das gemeinsame (kulturelle) Wissen von der Welt ausmachen (4. Abs., §§ 29-41). Diese Analyse der »strukturellen Gliederung der Sozialwelt« bildet für Schütz das »Kernstück« des *Sinnhaften Aufbaus* und zugleich das »eigentliche Thema der Sozialwissenschaften« (2004a: 95). Innerhalb der Sozialwelt unterscheidet Schütz zunächst zwischen (1) der sozialen ›Umwelt‹, die Menschen mit ihren ›Mitmenschen‹ zeitlich und räumlich gemeinsam haben und in der sie auf die Erlebnisabläufe Anderer unmittelbar hinsehen können, und (2) der sozialen ›Mitwelt‹, die die Anderen einschließt, die einem nur mittelbar gegeben sind und wieder oder aber potenziell überhaupt erst in die eigene Umwelt eintreten können (›Nebenmenschen‹). Von diesen beiden »Welten« zu unterscheiden sind sodann noch (3) die soziale ›Vorwelt‹, als der geschichtlich bereits vergangenen Sozialwelt der Vorfahren, und (4) die noch unbestimmte soziale ›Folgewelt‹ der ›Nachfahren‹ (§§ 29, 33-41).[10]

Von zentraler Bedeutung ist die Unterscheidung von Umwelt und Mitwelt. Und die Verwendung von aus heutiger Sicht sehr alltagsnahen Begrifflichkeiten darf dabei nicht darüber hinweg

---

9 Dafür dürfte nicht zuletzt auch Dilthey Pate gestanden haben, der den ›Lebenszusammenhang‹ als einen ›Wirkungszusammenhang‹ beschrieb (W. Dilthey, *Der Aufbau der geschichtlichen Welt in den Geisteswissenschaften* (*Gesammelte Schriften* Bd. VII), hg. v. Bernhard Groethuysen, Leipzig, Berlin: Teubner 1927: 151ff., 248ff.) und das Verstehen des Anderen von den ›Interessen des praktischen Lebens‹ her begreift (Bd. VII: 207, 243). Bei Karl Löwith (*Das Individuum in der Rolle des Mitmenschen*, jetzt in: *Gesammelte Schriften* Bd. I, hg. v. Klaus Stichweh, Stuttgart: Metzler 1981: 27) taucht dann auch der Begriff der ›Werkwelt‹ auf.

10 Vgl. zusammenfassend (2004a: 285ff., 386f.) sowie den späten Aufsatz »Strukturen der Lebenswelt« (2003a: 329f.).

täuschen, dass diese Begriffe in der theoretischen Diskussion der 1920er-Jahre eingeführt sind[11] und von Schütz in einem entsprechend präzisen Sinne auch verwandt werden. Der Begriff der ›Umwelt‹ steht bei Schütz für den einen Menschen »umgebenden« Bereich des »selbst erlebten Verhaltens« in »leiblicher Koexistenz«, in dem »ich annehme, dass der von mir gesehene Tisch auch der von Dir gesehene Tisch sei«, wohingegen ›Mitwelt‹ den »entfernteren« Bereich des »bloß mittelbar gewussten Verhaltens« meint, die zwar »koexistiert mit mir«, die ich aber »nicht *erlebe*« (2004a: 88, 228, 229, 234, 289).

Die ›Strukturanalyse der Sozialwelt‹ zeigt also deren Gliederung in verschiedene Formen räumlicher und zeitlicher Distanzen sowie die ihnen entsprechenden sozialen Beziehungstypen samt den ihnen jeweils spezifischen, zunehmend anonymisierten Beobachtungsformen auf: von der umweltlichen unmittelbaren Erfahrung des *alter ego* über die mitweltlich typisch anonymisierte Erfahrung Anderer bis zum abstraktesten Idealtypus eines gänzlich anonymisierten »Man«. Methodologisch folgt aus diesen Überlegungen, dass die spezifische Methodik der Sozialwissenschaften in einem typisierenden Verfahren besteht, da die Mitwelt den alleinigen Gegenstand der Sozialwissenschaften bildet und diese lediglich durch Typen erfahrbar ist (§§ 37-40): »Die gesamte intersubjektive Welt des Wirkens in der Standardzeit [...] ist der eigentliche Hauptgegenstand der sogenannten Sozialwissenschaften« (2003a: 232).

Die folgende tabellarische Übersicht dokumentiert Schütz' Analysen der »Konstitutionsweisen der umweltlichen« und »der mitweltlichen Situation« (2004a: 314, 337):[12]

---

11 Vgl. für den Begriff der ›Umwelt‹ Husserl, *Ideen zu einer reinen Phänomenologie und phänomenologischen Philosophie I*, (zuerst 1913), in: *Husserliana* Bd. III/1, hg. v. Karl Schuhmann, Den Haag: Nijhoff (1976, bes. §§ 28ff.). Die französische Fassung von Husserls *Cartesianischen Meditationen* von 1931 wurde Schütz erst nach Abschluss des Manuskript des *Sinnhaften Aufbaus* bekannt, (vgl. 2004a: 129 Anm. 59), sowie Max Scheler, *Die Wissensformen und die Gesellschaft* (zuerst 1926), in: *Gesammelte Werke* Bd. 8, Bern, München: Francke ([3]1980). Vgl. darüber hinaus die im Jahr 1928 erschienene Studie von Löwith über *Das Individuum in der Rolle des Mitmenschen*, a.a.O.

12 Sämtliche Verweise beziehen sich auf den *Sinnhaften Aufbau* (2004a).

Weltbezug		Einstellung	Typik
Umwelt	Mitmenschen	1) Du-Einstellung	reine Wirbeziehung; echte Gleichzeitigkeit; räumliche und zeitliche Koexistenz – Unmittelbarkeit – in lebendiger Gegenwärtigkeit (›zusammen altern‹); Erfahrung vom Du in seinem Dasein überhaupt (314f.; vgl. 331f.)
		2) wechselseitige Fremdeinstellung	soziale Beziehung (aktuelle Wirbeziehung, 320); materiale Erfahrung vom Du in seinem besonderen Sosein (319); Individuen in ihrem leibhaftigen Selbst (344)
		3) einseitige Fremdeinstellung	(alltägliche) Beobachtung (326f.; vgl. 318)
Mitwelt	Nebenmenschen	1) Ihr-Einstellung	gleichzeitig, aber potenziell; d.h. lediglich ein Wissen um die Gleichzeitigkeit (337); Erfahrung vom Du nur mittelbar durch typisierende Setzung eines bestimmten Soseins des alter ego (338) bzw. meiner Erfahrung der Sozialwelt überhaupt (341)
		2) mitweltliche (Fremd-) Einstellung (344)	mitweltliche Wirbeziehung (339); Partner lediglich als Typen (343f.): personale Idealtypen und Ablauftypen (342f., 346ff.) mitweltliche alltägliche Beobachtung strukturgleich, lediglich veränderte Relevanz der Idealtypenkonstruktion (372f.)
Vorwelt	Vorfahren	einseitige Fremdeinstellung	früher; typisierende Erfassung (344); die spezifischen Merkmale der um- wie mitweltlichen Erlebnisse bleiben erhalten, tragen jedoch als Erinnerungen Vergangenheitscharakter (376)
Folgewelt	Nachfahren	einseitige Fremdeinstellung	später; lediglich Annahme, dass es eine Folgewelt überhaupt gibt (386f.); vage Deutbarkeit

Die Konstitutionsanalysen des *Sinnhaften Aufbaus* und das Anliegen einer philosophischen, d. h. phänomenologischen Fundierung bleiben für die gesamten späteren Arbeiten von Schütz grundlegend und konturieren sein Verständnis von verstehender Soziologie. Diese intendiert einerseits die Rekonstruktion der allgemeinen Voraussetzungen subjektiver und intersubjektiver Sinnsetzungsprozesse (hier zielt sie – phänomenologisch – als eine Proto-Soziologie auf die Freilegung der universellen Strukturen der Lebenswelt, vgl. Kap. V). Andererseits geht es ihr um die Rekonstruktion der Selbstkonstitution ihrer jeweiligen soziokulturell institutionalisierten Ausprägungen (hier zielt sie – empirisch – als verstehende Soziologie auf die Analyse von Lebenswelten als konkreten sozio-historischen Kulturwelten). Dabei geht es ihr darum, die interaktiven und kommunikativen Sinnsetzungsprozesse als Prozesse der Autogenese sozialer Realität aufzuzeigen (vgl. Kap. VI). Es ist die wechselseitige Verzahnung und das Aufeinander-Bezogensein der von Handelnden vollzogenen Sinnsetzungsprozesse, durch die sich der Aufbau sozialer Wirklichkeit vollzieht.

Perspektiven für die weitere Werkentwicklung

Auf dieser Basis entwickelt Schütz die Grundlagen sowohl für die Theorie der Lebenswelt als auch für die Methodologie der Sozialwissenschaften. Die Lebensweltanalyse erfährt insbesondere durch die Untersuchung der ›mannigfaltigen Wirklichkeiten‹ (vgl. unten S. 89f.) sowie die Ausarbeitung einer Zeichen- und Symboltheorie mit Blick auf die Integration der pluralen Gliederung der Lebenswelt eine Vertiefung und Erweiterung. Seine methodologischen Überlegungen entwickelt Schütz vornehmlich in Richtung einer Theorie der sozialwissenschaftlichen, und d. h. typisierenden Begriffsbildung weiter.[13]

13 Dabei nimmt die weitere Ausarbeitung der phänomenologischen Fundierung der verstehenden Soziologie nicht zuletzt einige der in Rezensionen dieses frühen Hauptwerkes geäußerten Kritikpunkte auf. Vgl. die Beiträge von: Franz Borkenau, »Schütz, Alfred, Der sinnhafte Aufbau der sozialen Welt«, *Zeitung für Sozialforschung* 1, 1932: 415-416; Felix Kaufmann, »Alfred Schütz, Der sinnhafte Aufbau der so-

Drei der seiner Auffassung zufolge notwendig weiter zu bearbeitenden Fragestellungen verzeichnet Schütz im abschließenden Paragrafen des *Sinnhaften Aufbaus* (2004a: 438ff.) Es sind dies: (1) die Vertiefung des Problems der »soziologischen Person« und der »Logik« der für die Methodik der verstehenden Soziologie zentralen Typenbildungsprozesse, (2) die Komplexität des Relevanzproblems und (3) die »Aufklärung der intersubjektiven Struktur alles Denkens« und der »intersubjektiven Geltung unserer Erfahrung von der Welt überhaupt«.[14]

Während das Intersubjektivitätsproblem unter dem Titel der »Konstitution des Du« für Schütz auf die Grundlegung einer (philosophischen) Anthropologie[15] und damit auf eine anthropologische Fundierung der Sozialwissenschaften verweist, betrachtet er die ersten beiden Probleme als der phänomenologisch fundierten verstehenden Soziologie direkt zugänglich. Dabei ergibt sich das Problem der »soziologischen Person« für ihn daraus, dass Individuen in der Mitwelt als personale Typen, also als »Rollenträger« bzw. als »Inbegriffe« solcher Typisierungen erscheinen.[16]

---

zialen Welt«, *Deutsche Literaturzeitung*, Heft 32, 4. September 1932: Sp. 1712-1716; Rudolf Steinmetz, »Neuere soziologische Literatur«, in: *Weltwirtschaftliches Archiv* 40, 1934: 1-5; Erich Vögelin, »Der sinnhafte Aufbau der sozialen Welt. Von Alfred Schütz«, *Zeitschrift für öffentliches Recht* 14, 1934: 668-672; Alfred Stonier & Karl Bode, »A New Approach to the Methodology of the Social Sciences«, *Economica* 4, 1937: 406-424. (vgl. dazu: Endreß & Renn 2004: 57ff.).

14 Vgl. ebenso die Problemskizze »Phänomenologie und Kulturwissenschaften« vom 15. Januar 1939, in der Schütz auf noch »auszuführende Konstitutionsanalysen in natürlicher Einstellung« verweist, »welche Grundprobleme aller Kultur[-](sozial)wissenschaften« beträfen. Hierzu zählt er: »a) Die Lehre von der sozialen Person, b) Das Problem des Interesses und der Relevanz [und] c) Soziale Umwelt, Mitwelt, Vorwelt, Folgewelt« (1971a: 139).

15 Schütz spricht hier von einer »auf phänomenologischer Grundlage beruhende[n] Ontologie des Menschen« (2004a: 440). In dieser Richtung identifiziert Schütz letztlich die eigentliche Bedeutung von Husserls Werk für die Sozialwissenschaften: »Husserls Leistung besteht [...] in jenen reichhaltigen Analysen, die auf Probleme der Lebenswelt verweisen und auf eine zu entwickelnde philosophische Anthropologie hinweisen« (1971a: 173).

16 Mit dieser frühen Formulierung übereinstimmend heißt es in einem

In seiner Erörterung des »echten Fremdverstehens« zeigt Schütz, dass der Begriff der Person mit den Bedingungen der Möglichkeit des verstehenden Zugangs zu anderen Personen eng zusammenhängt. Und das betrifft sowohl die unmittelbare Begegnung konkreter Personen in der Face-to-face-Interaktion, also das umweltliche Verstehen, als auch die soziologische Rekonstruktion des subjektiven Sinns z. B. im Rahmen des Motivverstehens.

Das Problem der ›Relevanz‹ (vgl. hier S. 104ff.) schließlich ergibt sich für Schütz aufgrund der durchgängig auftauchenden Frage, warum stets bestimmte »Daten aus der Totalität des Erlebens bei der gedanklichen Bearbeitung ausgewählt, als relevant hervorgehoben werden« (2004a: 439). Das Problem der Relevanz stellt sich damit als eines der graduellen Stufung der Auswahl von Problemstellungen und -lösungen dar – ausgehend von den im Alltag dominierenden pragmatischen Motiven bis zu den von entsprechenden pragmatischen entkoppelten wissenschaftlichen Relevanzen (vgl. S. 104ff.).

Die Problembereiche der ›soziologischen Person‹ und der ›Relevanz‹ werden von Schütz im Anschluss an den *Sinnhaften Aufbau* in den Jahren 1936 und 1937 aufgegriffen und in dem unvollendet gebliebenen Manuskript über »Das Problem der Personalität in der Sozialwelt« systematisch aufeinander bezogen (2003a: 33ff., 91ff.). Den damit verbundenen konzeptionellen Fragen des Zuschnitts einer typenbildenden Sozialwissenschaft wendet sich Schütz insbesondere in seinen beiden Methodologie-Aufsätzen (1971a: 3ff., 55ff.) sowie in Studien zu Husserls Phänomenologie zu (1971b: 127ff.). Darüber hinaus behandelt er das Relevanzproblem in zwei langen nachgelassenen und ebenfalls unvollendet gebliebenen Manuskripten aus den Jahren 1947 und 1951 (2004b: 57ff.) und verbindet es im Rahmen einer späten systematischen Arbeit mit dem Anliegen einer Strukturanalyse der Le-

---

Brief an Gurwitsch vom 25. Januar 1952: »Es ist meine These, dass ›Rollen‹ [...] auf der Wirbeziehung und ihren Ableitungen fundiert sind und aus diesen erklärt werden müssen« (Schütz & Gurwitsch 1985: 248). Die Figur der Rolle führt Schütz 1936 zunächst unter dem Titel der »Teilpersonen« ein (2003a: 42f., 49ff.). Ein Jahr später gebraucht er dann explizit die Wendung vom Menschen »als Träger typischer Rollen« (2003a: 101f.).

benswelt (2003a: 325ff., vgl. Kap. V). Die Intersubjektivitätsthematik bearbeitet Schütz nicht nur im Zusammenhang seiner Auseinandersetzungen insbesondere mit Scheler und Sartre (2005: 65ff., 117ff.), sondern sie wird von ihm auch in kommunikationstheoretische Zusammenhänge eingebaut (2003b: 117ff.) sowie in ihrer Phänomenstruktur in den musik-soziologischen Studien aufgedeckt (1972: 129-173, 1981: 279-316, 1996: 243-276).

Am Thema der Relevanz wird Schütz insbesondere deutlich, dass es der Übergang zu mundanen Perspektiven und zum Problem des Verstehens konkreter Personen in unmittelbarer Interaktion verlangt, die zentrale Bedeutung pragmatischer Motive bei der Konstitution von Sinn zu berücksichtigen. Schütz' Behandlung dieses Themas zeigt darüber hinaus, dass er auch eine Aufklärung der wissenschaftlichen und pragmatischen Relevanzen soziologischer Forschung sowohl für möglich als auch für erforderlich hält. Damit nimmt Schütz das von Max Weber unter dem Stichwort der ›Wertbeziehung‹ verzeichnete Problem einer Analyse der disziplinären Fragestellungen und Untersuchungsgesichtspunkte auf.

Der Grundriss und die systematischen Weichenstellungen des *Sinnhaften Aufbaus* markieren die Leitmotive, die sich durch Schütz' weiteres Werk ziehen. Deutlich wird in diesem Zusammenhang insbesondere die Bedeutsamkeit des pragmatischen Motivs sowohl für die Erörterung soziologischer Grundbegriffe wie Handlung, Motiv und Sinn, als auch für das methodische und methodologische Profil der angezielten phänomenologischen Fundierung der verstehenden Soziologie.

In den Jahren des US-amerikanischen Exils gelingt Schütz die sukzessive Ausarbeitung dieses Ansatzes zu einer systematischen ›Strukturanalyse der Lebenswelt‹, die die diesbezüglichen Überlegungen im vierten Abschnitt des *Sinnhaften Aufbaus* zur »Strukturanalyse der Sozialwelt« (2004a: §§ 29-41) erweitert und ergänzt. Im Kern entwickelt Schütz im Zuge der Vorbereitungen für das abschließend unter dem Titel *Strukturen der Lebenswelt* geplante Hauptwerk (vgl. 1984) Argumentationen zu allen angesprochenen Problem- bzw. Themenkreisen.

V Verstehende Soziologie als Strukturanalyse der Lebenswelt

Bereits in seinem frühen Hauptwerk über den *Sinnhaften Aufbau der sozialen Welt* bestimmt Schütz es als zentrale Aufgabenstellung der Soziologie, nach den formalen Konstitutionsbedingungen des Selbstverständlichen im alltäglichen Leben zu fragen. Seiner Überzeugung zufolge bringt »die ungeprüfte Hinnahme des im täglichen Leben ›Selbstverständlichen‹ gerade für die Soziologie eine eminente Gefahr mit sich«, da die »soziale Welt des täglichen Lebens [und] deren Vorstellungen [...] ja ihrerseits Gegenstand wissenschaftlicher Bearbeitung durch die Soziologie werden« sollen (2004a: 89). Um eine solche, Schütz zufolge auch bei Max Weber durchgängig auszumachende, »unkritische Übernahme derartiger Vorstellungen des täglichen Lebens in den Begriffsapparat« der Soziologie zu vermeiden, habe diese vorrangig die »Aufgabe [...], gerade das ›Selbstverständliche‹ in Frage zu stellen« (ebd., 2004b: 285).[1]

Wenn die Soziologie also nicht einfach alltägliche Selbstverständlichkeiten reproduzieren kann, so führt die Frage nach der Erzeugung von Selbstverständlichkeit doch gerade zum Kern des Untersuchungsinteresses der Soziologie. Aus der Perspektive der Lebensweltanalyse von Schütz forschungsrelevant wird damit der pragmatische Sinn der Orientierung an einer als einzig gültig angesehenen, also an einer alltäglich selbstverständlich geltenden Wirklichkeit. Diese alltäglich intersubjektiv fraglos gültige Selbstverständlichkeitsperspektive basiert auf mehreren Idealisierungen.

1 Bei Schütz ist damit die Figur des ›epistemologischen Bruchs‹ vorgedacht, die Pierre Bourdieu (1930-2002) – im Anschluss an Überlegungen bei Gaston Bachelard (1884-1962) und Georges Canguilhem (1904-1995) – für die Soziologie zur Notwendigkeit eines doppelten epistemologischen Bruches zuspitzt. Danach hat die Soziologie sowohl die alltäglichen Deutungen als auch die wissenschaftlich erzeugten Deutungen nochmals in ihren Entstehungsbedingungen und damit in ihren Strukturierungseffekten für die als »wissenschaftlich« etikettierten Daten zu reflektieren.

Zu diesen gehören nicht nur die bereits angesprochenen Konstanzunterstellungen in objektiver wie subjektiver Hinsicht, die Idealisierungen des ›Und-so-weiter‹ und des ›Ich-kann-immer-wieder‹ (vgl. oben S. 52), sondern ebenso die ›Grundidealisierung‹ (1984: 286) bzw. die ›Generalthesis der Reziprozität der Perspektiven‹ (1971a: 14, 1984: 265, 2003b: 153). Diese setzt sich zusammen aus den beiden Idealisierungen der ›Vertauschbarkeit der Standorte‹ und der Kongruenz bzw. der ›Übereinstimmung der Relevanzsysteme‹ (2003b: 152f., vgl. 1971a: 13, 170). Bei diesen für die alltägliche Selbstverständlichkeitsperspektive konstitutiven Idealisierungen handelt es sich um alltäglich handlungs- und deutungspraktisch je schon fungierende Prinzipien vor-reflexiven Status, die als »Grundkonstruktionen [...] die gemeinsame Lebenswelt als Welt für Jedermann [...] konstituieren« (1984: 265f.), indem sie »typisierende Konstruktionen [...] an die Stelle von Gedankenobjekten meiner privaten Erfahrung und der privaten Erfahrung meiner Mitmenschen« setzen (2003b: 153). Ein Prozess, durch den nicht zuletzt überhaupt erst menschliche Kommunikation, also Gespräch möglich wird (2003b: 153, 163ff.).[2]

Diese Selbstverständlichkeitsperspektive hat ihre Grundlage in den elementaren quasi-natürlichen Strukturen (vgl. S. 83ff.) wie auch in den Sinnstrukturen der Lebenswelt (vgl. S. 85ff. bzw. S. 91ff.). Die Frage nach den Grundlagen der für die Lebenswelt konstitutiven Selbstverständlichkeit und Fraglosigkeit verweist somit auf das Thema einer »quasi-ontologischen« Strukturierung der Lebenswelt, auf das permanente Problem der Transzendenz in der sozialen Welt sowie auf das Phänomen der Symbolizität menschlichen Handelns.[3] Diesen drei Kernaspekten entsprechend

2 Zur gesprächsermöglichenden Bedeutung von Typisierungen vgl. die klassische Analyse von Peter L. Berger und Hansfried Kellner, »Die Ehe und die Konstruktion der Wirklichkeit«, in: *Soziale Welt* 16, 1965: 220-235. Typiken tragen zudem die Formen indirekter Kommunikation, also der Mitteilungen über die Grenzen von Sinnprovinzen hinweg (vgl. S. 91ff.).

3 So erläutert Schütz im Herbst 1954 Gurwitsch, dass er auf eine »allgemeine Theorie [ziele], die [...] versucht, [...] die Struktur der Lebenswelt aus dem Erlebnis der Transzendenz [zu erklären]«. Dabei sei das, »was transzendiert wird, das instantane Jetzt-Hier-So, und der

lassen sich in Schütz' Arbeiten drei Schritte der Strukturanalyse der Lebenswelt identifizieren. Danach behandelt diese (1) die grundlegenden, als selbstverständlich bzw. fraglos gegeben hingenommenen Phänomene der räumlichen, zeitlichen und sozialen Gliederung der Lebenswelt, (2) die Differenzierung der Lebenswelt durch Sinnstrukturen, d. h. ihre Gliederung in Sinnprovinzen bzw. in die Sphären der Alltäglichkeit und der Außeralltäglichkeit sowie – komplementär dazu – (3) eine Theorie des über Symbole vermittelten Sinnzusammenhangs der Lebenswelt.

Quasi-ontologische Strukturierung der Lebenswelt

Bezogen auf die für das *Common-sense*-Denken konstitutive wie typische Annahme der (relativen) Konstanz der »Grundstruktur der Welt‹« wie auch des Typus ihres Erfahrens stellt Schütz die Frage, welche grundlegenden »Aufschichtungen« für die Lebenswelt als »fraglos gegeben« betrachtet werden.

In der phänomenologisch fundierten Sozialtheorie von Schütz wird die alltägliche Wirklichkeit als pragmatischer Kernbereich der Theorie der Lebenswelt expliziert, insofern diese das Zentrum menschlicher Realitätserfahrung ausmacht (2003a: 203, 2003b: 181, 2003c: 57). Die alltägliche Wirklichkeit ist die Wirklichkeitsregion, in die der Mensch vermittelt über seinen Leib eingreifen und die er verändern kann (Raumdimension), in der er sich mit seinen Mitmenschen temporär verständigen und mit ihnen zusammenwirken kann (Zeitdimension) und die von Anfang an intersubjektiv ist (Sozialdimension) (2003c: 29, 69). Diese auf einer proto-soziologischen Ebene erhobenen Strukturen sind selbst indifferent gegenüber einer polemogenen (konflikthaften) oder kooperativ-konsensuellen (harmonistischen) Zuspitzung. Dem theoretischen Anspruch nach gelten sie als universale Strukturkomponenten menschlicher Welterfahrung und damit als prinzipielle Charakteristika alltäglichen menschlichen Weltverhältnisses.

Mechanismus, durch den das Transzendente in das Jetzt-Hier-So appräsentativ einbezogen wird, macht Lebenswelt erst möglich« (Schütz & Gurwitsch 1985: 364).

In *räumlicher* Hinsicht ist es die objektive konzentrische Anlage der Welt um das ›Hier‹ des Einzelnen, die ihren Kern im subjektiven Wissen um den jeweils eigenen Manipulationsbereich, die Wirkzone, hat. Die Strukturanalyse der Lebenswelt weist den *Raum* in handlungstheoretischer Perspektive also als einen konzentrisch in die Zonen aktueller, wiederherstellbarer, erlangbarer Reichweite gegliederten auf (2003a: 328f.). Dabei bildet der pragmatisch primär relevante Handlungsbereich des aktuellen ›Hier‹ den Ausgangspunkt der Orientierung im Raum, insofern die Gruppierung der Dinge relativ zum eigenen Leib erfolgt (2003c: 69ff.). Diese Welt in Reichweite ist jedoch keine einheitliche, sondern gliedert sich ihrerseits in aktuelle und potentielle Reichweite: Während der unmittelbaren Erfahrung des Menschen die Welt in aktueller Reichweite zugänglich ist, basiert die Möglichkeit der Ausdehnung der Handlungsreichweite auf den lebensweltlichen Basis-Idealisierungen des ›Und-so-weiter‹ und des ›Ich-kann-immer-wieder‹.

In *zeitlicher* Hinsicht weist die Lebenswelt eine Gliederung nach den Dimensionen der objektiven Zeitlichkeit und ihren subjektiven Korrelaten auf (2003a: 329). Auf Seiten der objektiven Struktur der Weltzeit gehören dazu die drei Gesetzlichkeiten der Erfahrung der Fortdauer der Welt, der Zwangsläufigkeit der Zeitstruktur (ihre Unumkehrbarkeit) und der Geschichtlichkeit der Welt. Diesen Gesetzlichkeiten entspricht die zeitliche Struktur der subjektiven Erfahrungsmodi von Reichweiten in der gemeinsamen ›lebendigen Gegenwart‹: Der Handelnde kann »im ablaufenden Prozess« des Handelns leben (Gegenwart), »einen reflektiven Blick« auf früher vollzogene Handlungen werfen (Vergangenheit) oder perspektivisch »Handeln in der Phantasie« entwerfen (Zukunft) (2003a: 189f., 329).[4]

In *sozialer* Hinsicht schließlich ist es die objektive soziale Gliederung der Welt in eine Um-, Mit-, Vor- und Folgewelt, der ein entsprechendes, in Anonymisierungsgrade gegliedertes subjektives Wissen von dieser strukturierten Sozialwelt entspricht. Hier greift Schütz auf seine bereits im *Sinnhaften Aufbau* erarbeiteten Analysen mit den Zuordnungen: Umwelt-Mitmenschen, Mitwelt-Nebenmenschen, Vorwelt-Vorfahren und Nachwelt-Nachfahren zurück (2003a: 329f., vgl. hier oben S. 73 u. S. 75).

---

4 Vgl. dazu Schütz über die »Tempora des Ich«: 2003a: 53ff., 118ff.

Sinndifferenzierung der Lebenswelt: Transzendenzen und Sinnprovinzen

Die Untersuchung der Sinndifferenzierung der Lebenswelt, die Schütz im Anschluss an die von Max Weber herausgearbeitete Unterscheidung von Alltag und Außeralltäglichkeit vorlegt, besteht aus zwei Schritten. Schütz beschäftigt sich (1) mit den für die menschliche Alltagserfahrung kennzeichnenden so genannte ›Grenzerfahrungen‹ und (2) mit der Typik menschlicher Sinnsetzungen, die eine spezifische Gliederung der Lebenswelt in so genannte ›Sinnprovinzen‹ nach sich zieht.

Danach ist die Alltagserfahrung *erstens* wesentlich durch die Unterscheidung von Ich-bezogenen und jenseits dieser Ich-Bezogenheit liegenden (Ich-überschreitenden bzw. fremdbezogenen) Erfahrungen strukturiert. Diese sozio-kulturell spezifisch ausgeprägte Strukturierung bildet das grundlegende Stabilitäts- und Orientierungsmuster im Alltag. Menschen werden im Alltag in mehrfacher Hinsicht mit ›Grenzerfahrungen‹ konfrontiert: Die jeweils erfahrbare Welt weist Horizonte auf, die die jeweiligen biografischen Situationen des räumlichen ›Hier‹ und zeitlichen ›Jetzt‹ stets notwendig transzendieren, also über diese subjektzentrierte, wenn auch intersubjektiven Prägungsprozessen sich verdankende situative Konstellation des ›So‹ hinausweisen. Und zwar nicht nur sozial in subjektiver (Traum, Ekstase) oder intersubjektiver/kollektiver Hinsicht (Familien, Gruppen, Ethnien), sondern auch in zeitlicher Hinsicht (Vergangenheit, Zukunft). So stoßen Menschen etwa in religiösen Erfahrungen oder beim Übergang in den wissenschaftlichen Handlungsraum notwendig an die Grenzen ihrer Alltagswelten (2003b: 153ff.). Das Phänomen der Erfahrungstranszendenz zeigt dabei unterschiedliche Formen: Neben Transzendenzen, »die der Realität der alltäglichen Lebenswelt« zugehörig sind, stehen Erfahrungen, die »die geschlossene Sinnprovinz der alltäglichen Lebenswelt transzendieren« (1984: 306, 333). Schütz spricht in diesem Zusammenhang sehr formal von erster, zweiter und dritter Transzendenz (1984: 320-322, vgl. 2003b: 153ff., 166ff.).[5]

5 Für deren typologische Differenzierung im Anschluss an Schütz spricht Luckmann von ›kleinen‹, ›mittleren‹ und ›großen‹ Transzen-

Die phänomenale Struktur dieser typologischen Unterscheidung ist offensichtlich: Während es sich bei den ersten, zeitlich-räumlichen und den zweiten, sozialen Transzendenzen um alltägliche Transzendenzen handelt, die jeweils typische Vergleichbarkeiten aufweisen, handelt es sich bei den dritten Transzendenzen um außeralltägliche Bezüge:

(1) Alltägliche *zeitlich-räumliche* Transzendenzen verweisen darauf, dass es Zonen in der eigenen Reichweite gibt, die nicht in der einer anderen Person liegen: »So sehe ich [...] Dinge, die er nicht sieht, und er sieht Dinge, die ich nicht sehe« (2003b: 153). Diese »ersten« Transzendenzen lassen sich als *temporär* und grundsätzlich *kontingente*, also veränderbare Grenzerfahrungen bestimmen.

(2) In alltäglichen *sozialen* Transzendenzen transzendiert die andere Person die jeweils eigene, insofern Individuen nicht als Selbst, sondern nur »als Träger bestimmter sozialer Rollen« in eine soziale Beziehung eintreten können (2003b: 154). Diese Transzendenzen betreffen das Verstehen von Mitmenschen und die Verständigung mit ihnen. Bei diesen ›zweiten‹ Transzendenzen geht es um *kontinuierliche* und grundsätzlich *nicht-kontingente* Grenzerfahrungen.

(3) *Außeralltägliche* Transzendenzen als Phänomene wie beispielsweise die »Wir-Beziehung selbst«, die »die Alltagsexistenz beider Partner in dieser Beziehung« transzendiert, verweisen auf

---

denzen: vgl. ders., »Riten als Bewältigung lebensweltlicher Grenzen« (in: *Schweizerische Zeitschrift für Soziologie* 3, 1985: 535-550, 538f.), »Grenzen der Alltagserfahrung und Transzendenz« (in: O. Kolleritsch (Hg.), *Entgrenzungen in der Musik*, Wien, Graz: Universal Edition 1987: 11-28, 15ff.) und »Phänomenologische Überlegungen zu Ritual und Symbol« (in: F. Uhl & A. R. Boelderl (Hg.), *Rituale. Zugänge zu einem Phänomen*, Düsseldorf, Bonn: Parerga 1999: 11-28, 14ff.) – eine Unterscheidung, die sich auf diejenige von Schütz abbilden lässt. Danach handelt es sich bei ›kleinen‹ Transzendenzen um räumlich-zeitliche Grenzen »die in weiteren Erfahrungen oder späterem Handeln überschreitbar sind«. Im Hintergrund stehen Schütz' Überlegungen zur wiederherstellbaren und erlangbaren Reichweite. Bei »mittleren« Transzendenzen verweist »die jeweils gegenwärtige Erfahrung auf ein anderes, das grundsätzlich nicht unmittelbar erfahren werden kann«. Bei ›großen‹ Transzendenzen ist »das in der gegenwärtigen Erfahrung angezeigte Nicht-Erfahr[en]e [...] in der gleichen Wirklichkeit überhaupt nicht unmittelbar erfahrbar«.

einen »geschlossenen Sinnbereich« jenseits der Alltagswirklichkeit (2003b: 154). Dies gilt beispielsweise auch für Schlaf und Traum oder Tagtraum, in der Ekstase oder in Situationen höchster Bedrohtheit, d. h. in so genannten überwältigenden Erfahrungen. Bei diesen ›dritten‹ Transzendenzen handelt es sich um *prinzipielle* und *strukturell auf andere Wirklichkeiten verweisende* Grenzerfahrungen.

Diese phänomenologischen Überlegungen enthalten zugleich Hinweise auf eine empirisch-soziologische Verlängerung von Schütz' Argument: Denn der »Austritt« aus der alltäglichen Wirklichkeit kann geplant und jederzeit abbrechbar sein (wie bei einem Theaterbesuch, beim Vollzug religiöser Rituale, dem Eintritt ins Spiel, dem Betreiben von Wissenschaft oder dem Engagement in virtuellen Realitäten). Er kann aber auch methodisch angeleitet sein (wie in Meditationen oder bei körperlichen Entspannungstechniken). Ebenso kann sich dieser unerwartet plötzlich ereignen (wie im Falle von Naturkatastrophen, Lebenskrisen, Angstzuständen, dem Tod Nahestehender oder Unfällen). Schließlich kann es sich um ein alltäglich vorbereitetes Sich-Einlassen-auf handeln (wie im Falle des Schlafens, beim Tagtraum, dem Drogenrausch oder im Karneval) oder dieser Austritt kann sich willentlich in einem Steigerungsprozess vollziehen (wie im Fall der Ekstase).

Soziologisch von besonderem Interesse ist der sozio-kulturell spezifische Umgang mit unterschiedlichen Formen von Transzendenz. Die Vergesellschaftung und d. h. die soziale Kontrolle des die alltäglichen Relevanzsysteme (zumindest potenziell) gefährdenden ›Außeralltäglichen‹ wird *räumlich* durch die Schaffung von ›Enklaven‹ (z. B. religiöse, psychiatrische, polizeiliche Institutionen), *zeitlich* durch periodische Freiräume (z. B. beim Karneval oder Fasching sowie Festen) und *sozial* beispielsweise durch die Übersetzung in »Spielformen« (u. a. »verkehrte Welt« in Witz und Humor) organisiert.[6] In allen drei Hinsichten werden als außerall-

---

6 Zu denken ist hier beispielsweise an *Till Eulenspiegel* aus dem 14./15. Jahrhundert, an das *Lalebuch* des 16. Jahrhunderts (die sog. Schildbürgerstreiche), an *Gullivers Reisen* aus dem 18. Jahrhundert oder an *Alice im Wunderland* im 20. Jahrhundert; vgl. zur Orientierung: Helga Albersmeyer-Bingen, *Common Sense. Ein Beitrag zur Wissenssoziologie*, Berlin: Duncker & Humblot (1986: 193ff.).

täglich typisierte Erfahrungen in sozial standardisierten und als verträglich erachteten Formen gesellschaftlich zugelassen. Damit unterliegen sie sozial legitimierten Ausdrucksformen, die jeweils spezifischen Formen sozialer Kontrolle zugänglich sind.[7]

Eine Dimension dieser sozialen Kontrolle erweist sich als die Folge der durch technologische Fortschritte bedingten Verkürzung bzw. Verringerung räumlicher Distanzen: »Wir sind sozusagen potenziell das Subjekt der versteckten Kontrolle jedermanns. Es gibt keinen Fleck auf der Erde, der von uns mehr als sechzig Flugstunden entfernt ist [geschrieben 1945/46]; elektromagnetische Wellen tragen Botschaften im Bruchteil einer Sekunde von einem Ende der Erde zum anderen; und jeder Platz dieser Erde ist das mögliche Ziel von Zerstörungswaffen, die von jedem beliebigen Ort aus starten können« (1972: 95).[8]

Neben den angeführten alltäglichen wie außeralltäglichen Transzendenzen ist für die Alltagserfahrung darüber hinaus *zweitens* noch eine andere Form der Sinndifferenzierung charakteristisch. Denn aus der Perspektive einer Untersuchung der Sinnstrukturierung der Lebenswelt finden die angesprochenen alltäglichen und außeralltäglichen Transzendenzen ihren Ausdruck in Gestalt der Gliederung der Lebenswelt in vielfältige ›geschlossene Sinnprovinzen‹ (›finite provinces of meaning‹).[9]

---

7 Man vergleiche in diesem Zusammenhang Michel Foucaults Disziplinierungstheorie oder Erving Goffmans Analyse totaler Institutionen. Ebenso ist an eine wissenssoziologische Verlängerung der Argumentation zu denken: Zeichen und symbolische Bedeutungen werden, da es sich bei ihnen – im Unterschied zu Anzeichen und Merkzeichen (s. unten S. 94ff.) – um intersubjektiv konstituierte Verweisungen handelt, in komplexen Vorgängen der Kanonisierung und Zensur festgelegt, fixiert bzw. kodifiziert.

8 Ein Motiv, das Kurt H. Wolff dann zum Anlass für Reflexionen unter dem Titel *Soziologie in der gefährdeten Welt* (Frankfurt a. M.: Suhrkamp 1998) nimmt.

9 Mit Rücksicht auf das generelle Phänomen der Nicht-Homogenität der Lebenswelt wird hier zunächst nur der Aspekt der ›mannigfaltigen Wirklichkeiten‹ thematisiert. Ein ebenso zentraler Aspekt der Sinndifferenzierung der Lebenswelt bezieht sich auf die Gliederung in Eigen- und Fremdgruppen (vgl. dazu unten S. 109f.).

Insofern der Lebensweltanalyse kein realistisches Missverständnis zugrunde liegt, Schütz also im Anschluss an Max Weber ein klares Bewusstsein von der Spannung zwischen Begriff und Wirklichkeit hat, begreift er diese »Differenzierung« der Lebenswelt in verschiedene ›Sinnprovinzen‹ nicht als eine reale, sondern als eine kognitive Unterscheidung: Kernstück von Schütz' Theorie der sozialen Wirklichkeit ist die Analyse ihrer Gliederung in ›mannigfaltige Wirklichkeiten‹ (›multiple realities‹) (z. B. 2003a: 211ff.), die Anregungen von William James verarbeitet.[10] Demzufolge sind es unterschiedliche Perspektiven auf die soziale Wirklichkeit, die von den Handelnden, Forschenden, Spielenden, Schlafenden etc. eingenommen werden und die zu einer Differenzierung des ›Sinns‹ der sozialen Wirklichkeit führen. Denn es ist »nicht die ontologische Struktur, sondern der Sinn unserer Erfahrungen«, der »die Wirklichkeit konstituiert« (2003a: 206, 2003b: 180). Nicht als klassische Differenzierungstheorie also, sondern als Theorie der symbolischen bzw. kognitiven Differenzierung verschiedener Wirklichkeitsakzente ist Schütz' Ansatz in der Tradition von Dilthey zu lesen. Entsprechend bestätigt sich an dieser Stelle erneut das wissensanalytische Verständnis des Wirklichkeitsbegriffs bei Schütz, das die Begriffe des Wissens und der Wirklichkeit in ein unmittelbares wechselseitiges Konstitutionsverhältnis setzt. Insofern behandelt das Theoriestück der vielfältigen ›geschlossenen Sinnprovinzen‹ einen zentralen Aspekt des wissenssoziologischen Profils von Schütz' Lebensweltanalyse (vgl. Kap. VI).

Diese idealtypisch abgegrenzten vielfachen Wirklichkeitsbereiche zeichnen sich Schütz zufolge durch spezifische ›Erkenntnisstile‹ bzw. ›kognitive Stile‹ aus, für deren typologische Differenzie-

10 Theoriegeschichtlich lässt sich die Idee der ›multiple realities‹ als sinntheoretische Umdeutung von Georg Simmels (1858-1918) Idee der Teilhabe an unterschiedlichen ›Verkehrskreisen‹ oder ›sozialen Kreisen‹ verstehen (vgl. G. Simmel, *Soziologie. Untersuchungen über die Formen der Vergesellschaftung* (Gesamtausgabe Bd. 11), hg. v. O. Rammstedt, Frankfurt a. M.: Suhrkamp 1992: 456ff.). Schütz geht es mit diesem Theoriebaustein darum, William James' »Theorie der verschiedenen Wirklichkeiten, in denen wir zur gleichen Zeit leben« (1972: 49), im Rahmen einer sozialwissenschaftlichen Analyse sozialer Realität konstruktiv aufzunehmen.

rung er mehrere Dimensionen heranzieht (vgl. 2003a: 207; 1984: 354, 385f.). Dazu gehören: (1) ein spezifischer Grad von Bewusstseinsspannung, d. h. eine charakteristische Form der ›Aufmerksamkeit auf das Leben‹ (›attention à la vie‹), (2) eine spezifische Art vorherrschender Epoché, d. h. ein bestimmter Grad der »Enthaltung von Zweifeln«, (3) eine vorherrschende Form von Spontaneität, also von Aktivitäts- und Passivitätsgraden, (4) eine besondere Form der Selbsterfahrung als »ganzer Person« oder als Rollenträger, (5) eine besondere Form von Sozialität, d. h. der jeweils typischen Erfahrung von Anderen und (6) eine besondere Zeitperspektive (Zeitdauern, Zeitrhythmen).[11] Insofern diese spezifischen Erkenntnisstile unterschiedliche ›Wirklichkeitsakzente‹ verleihen (1984: 404, 2003a: 209), stellt jeder Übergang von einer Sinnprovinz in eine andere objektiv – wie Schütz im Anschluss an Sören Kierkegaard (1813-1855) formuliert – einen »Sprung« dar, der in der subjektiven Erfahrung als »Schock« erlebt wird (2003a: 207ff., 217ff.; 2003b: 187). Aus diesem Grund spricht Schütz von ›geschlossenen Sinnprovinzen‹: »Die Geschlossenheit impliziert, dass es keine Möglichkeit gibt, ein geschlossenes Sinngebiet auf ein anderes durch Einführung einer Transformationsformel zurückzuführen« (1984: 387).[12] Entsprechend kann »jede ›*finite*

11 Als prominente literarische Veranschaulichung seiner Theorie der mannigfaltigen Wirklichkeiten dient Schütz Cervantes' Roman *Don Quixote* (2003a: 285ff.; vgl. dazu: M. Endreß, »Alfred Schutz's Interpretation of Cervantes's *Don Quixote* and his Microsociological View on Literature«, in: L. Embree (1998: 113-128). Die Wahl gerade dieses Beispiels darf als keineswegs zufällig angesehen werden, ist doch Cervantes' *Don Quijote* das historisch erste literarische Werk, welches das Verhältnis respektive die Spannung von Fiktion und Realität selbst explizit zu seinem Thema macht. Der Text ist deshalb hervorragend dazu geeignet, das Deutungspotenzial von Schütz' Theorie zu veranschaulichen. Die systematische intersubjektivitätstheoretische Pointe seiner Analyse des *Don Quijote* ist, dass der Verlust des Vertrauens in die Wahrhaftigkeit des Anderen zum Zusammenbruch von Quijotes Identität führt.

12 Aus diesem Umstand resultiert das sog. Problem indirekter Kommunikation, also das Problem der alltäglichen Mitteilung von Erfahrungen, die in anderen Sinnprovinzen gemacht werden (1984: 394f.), da wirkliche bzw. unmittelbar-direkte »Kommunikation [...] Akte des Wirkens in der Lebenswelt voraus[setzt]« (1984: 403).

province of meaning‹, jede der multiplen Realitäten [...] nur symbolisch innerhalb der Lebenswelt heraufbeschworen werden und nur durch Symbole mitgeteilt werden. Die Symbole selbst gehören zur Realität des täglichen Daseins, das Symbolisierte hat seine Realität in einer anderen ›*province of meaning*‹« (Schütz an Gurwitsch am 13. Oktober 1954, in: Schütz & Gurwitsch 1985: 367). Dieser Gedanke einer notwendig über Symbole strukturierten Einholung von Transzendenzerfahrungen in die alltägliche Wirkwelt, also des Fungierens von Symbolen als »Brücken« zwischen verschiedenen geschlossenen Sinnprovinzen bzw. Wirklichkeitsbereichen (2003b: 128) verweist auf Schütz' Beantwortung der Frage nach dem Sinnzusammenhang der Lebenswelt.

Sinnzusammenhang der Lebenswelt

Die Analyse von Transzendenzen und damit von Differenzen mit Blick auf die Lebenswelt führt unmittelbar auf die Frage nach der überhaupt möglichen Einheit bzw. Einheitlichkeit der Wahrnehmung sozialer Wirklichkeit. Steht also dem Phänomen der ›Transzendenz‹ komplementär eine Phänomenalität des »Zusammenhangs« der Lebenswelt zur Seite? Oder, um diese Frage in eine soziologische Begrifflichkeit zu überführen, wird diese differenzanalytische Perspektive bei Schütz von einer integrationsanalytischen Perspektive flankiert bzw. komplettiert? Diese Frage stellt sich in individueller, also auf Biografien bezogener Hinsicht ebenso wie in kollektiver, also auf Gesellschaften bezogener Hinsicht.

Schütz zufolge wird der ursprüngliche Sinnzusammenhang individueller Erfahrung durch die zeitliche Relationierung von aktueller, vergangener und antizipierter Erfahrung, also durch eine im Wirken sich vollziehende Integration von Gegenwart, Vergangenheit und Zukunft eines ›Selbst‹ konstituiert (2003a: 186).[13] Damit wird individuelle Identität von Schütz als Bezugs-

13 Diesen Fundamentalprozess der sozialen Konstruktion personaler Identität aufgrund der Existenz ›biografischer Schemata‹ hat Luckmann als kontinuierliche Synthese von innerer, intersubjektiver und biografischer Zeit analysiert. Vgl. (1980: 123ff.) sowie »Zeit und Identität: Innere, soziale und historische Zeit«, in: F. Fürstenberg und

punkt aller Akte des Wiedererkennens, also der Identifikation mit sich selbst im Wirken und damit in intersubjektiven Spiegelungsprozessen bestimmt.

In kollektiver bzw. gesellschaftsanalytischer Hinsicht kann die Frage nach einer komplementären integrationsanalytischen Perspektive im Werk von Schütz nicht gleich als eine ordnungstheoretische verstanden werden.[14] Dies wird schon daran deutlich, dass Schütz sich unter gesellschaftsanalytischen Vorzeichen auf die Thematisierung eines grundlegenden formalen Mechanismus der Ordnungsentstehung über Wirkensbeziehungen beschränkt.

Hält man sich zudem Schütz' hermeneutisches Leitmotiv der sozialpragmatischen Genese von Weltdeutungen vor Augen, dann kann die Frage nach der Einheit multipler Sinnordnungen in der sozialen Wirklichkeit eine Antwort nur unter Verweis auf das »Wie« der Stiftung von ›Sinnzusammenhängen‹ finden. Denn »nur Teilinhalte der Welt können [...] in dem durch das Geschäft des täglichen Lebens geforderten Maß in Sinnzusammenhänge gebracht und dadurch transparent gemacht werden« (1984: 257). Die handlungspraktisch wirksame Vorstellung von *einer* Wirklichkeit verweist somit auf eine *operative Sinnordnung* und keineswegs ein kognitiv oder normativ geschlossenes Deutungsmuster sozialer Wirklichkeit. Der von Schütz verfolgte phänomenologische Zugriff auf den angenommenen Sinnzusammenhang der Lebenswelt zielt also auf die Frage, welche Mechanismen es Menschen alltäglich ermöglichen, an der Vorstellung *einer* Wirklichkeit festzuhalten, d. h. alltagspraktisch von diesem Datum schlicht – also mit weitgehendem handlungspraktischem und kommunikativem Erfolg – bis auf Widerruf ausgehen zu können.

Zur Beantwortung dieser Frage verweist Schütz (2003b: 128ff.) im Anschluss an Husserl auf das Phänomen des ›Appräsentierens‹ als des grundlegenden Strukturphänomens menschlicher Wahrnehmung, d. h. auf den Umstand der in aller Erfahrung stets

---

I. Mörth (Hg.), *Zeit als Strukturelement von Lebenswelt und Gesellschaft*, Linz: Trauner (1986: 135-174, hier: 163ff.).

14 So Wolfgang Ludwig Schneider, *Grundlagen der soziologischen Theorie. Bd. 1: Weber – Parsons – Mead – Schütz*, Wiesbaden: Westdeutscher Verlag (2002: 234ff. und 295ff., hier: 282-284, 297).

präsenten Mitvergegenwärtigung von anderem oder der Übertragung auf anderes. Das mit dem Begriff ›Appräsentation‹ umschriebene Phänomen zielt auf den Umstand, dass alles, was sich gegenwärtig als »es selbst« zeigt, zugleich stets in diesem Sich-Zeigen auf anderes, aktuell Nicht-Gegenwärtiges verweist und so aufgrund dieser Verweisungsstruktur – streng genommen – erst zu diesem »es selbst« wird.[15] In diesem Sinn ist jede Erfahrung durch eine ›immanente Transzendenz‹[16] gekennzeichnet und es kann »von dem notwendigerweise transzendenten Charakter jeden Erfahrens überhaupt« gesprochen werden (1984: 337).[17] Danach betrachten Menschen aufgrund ihrer Vorerfahrungen typischerweise die Wahrnehmung irgendeines Gegenstandes A stets auch als einen Verweis auf einen Gegenstand B, oder ruft das Ereignis X ein Bild von Y in ihnen hervor usw. Jeder Gegenstand und jede Wahrnehmung stehen so notwendig innerhalb eines weiteren thematischen Feldes, aus dem heraus sie erst in ihrem (vollständigen) Sinn- bzw. Bedeutungsumfang verständlich werden. Die entsprechenden Sinnverweisungen, die William James als ›fringes‹, als »Sinnfransen« bezeichnet, bilden sich umso selbstverständlicher aus und werden sprachlich als Deutungsmuster umso eher fixiert, tradiert und als fraglos gegeben gesetzt, je häufiger, routinisierter und nachdrücklicher sie für die Bewältigung von alltagspraktischen Situationen relevant oder von gesellschaftlichen Verbänden, Interessenverbindungen oder anderen Trägergruppen gestützt werden.

Der unthematisch-implizite Charakter und fungierende Modus des Appräsentierens wird von Schütz klar herausgestellt, wenn er

15 Vgl. dazu Edmund Husserl, *Cartesianische Meditationen und Pariser Vorträge* (Husserliana I), hg. v. Stephan Strasser, Den Haag: Nijhoff 1950: §§ 49-54, und ders., *Ideen zu einer einen Phänomenologie und phänomenologischen Philosophie II* (Husserliana IV), hg. v. Marly Biemel, Den Haag: Nijhoff (1952: §§ 43-50).

16 Dieser Begriff wurde wohl erstmals von Georg Simmel geprägt, Verwendung findet er jedoch auch in Husserls *Cartesianischen Meditationen*, a.a.O.; vgl. auch Schütz (1984: 335, 2003a: 66).

17 Schütz teilt Gurwitsch im Herbst 1954 seine These mit, dass das Phänomen der »Appräsentation eines – aber nur eines – der vielen Mittel ist, die das Transzendenzerlebnis [...] in die Situation des Jetzt und So einbeziehen« (Schütz & Gurwitsch 1985: 363).

betont, dass Appräsentation »*kein* Schließen« ist, insofern wir »mit Hilfe der Appräsentation anschaulich etwas als etwas anderes signikativ anzeigend oder abbildend« erfahren (1984: 307). Anders gewendet: *Latenz*, d. h. latente Sinnstrukturen bilden hier die entscheidende Basis sozialer Wirksamkeit.[18]

Dabei tendiert diese Analyse keineswegs zu einem strukturellen Konservatismus, denn auch Appräsentationsbeziehungen sind sozialem Wandel, also strukturellen Veränderungen unterworfen, für die Schütz drei Grundsätze unterscheidet (2003b: 138-141): erstens den Grundsatz der bedingten Beliebigkeit des Bedeutungsträgers, demzufolge im Prinzip andere als die aktuell realisierten Appräsentationsbeziehungen möglich sind, zweitens den Grundsatz der Veränderlichkeit der Appräsentationsbedeutung, demzufolge Variationen auch bei identischem appräsentierendem Gegenstand möglich sind und drittens den Grundsatz der figurativen Übertragung, demzufolge ein appräsentierender Gegenstand sich mit einem neuen appräsentierten Gegenstand paaren kann.

Für den vorliegenden Problemzusammenhang von besonderer Bedeutung ist Schütz' These, dass diese »Appräsentationsverweisungen die Funktion [haben], die verschiedenartigen Transzendenzen [...] zu bewältigen« (2003b: 163, 127f.; 1984: 330, 333, 336). Dabei ist zwischen zwei Typen von Verweisungen zu unterscheiden: Während alle Transzendenzen innerhalb der Alltagswelt mit Hilfe von verbalen und non-verbalen Merkzeichen, Anzeichen und Zeichen bewältigt werden können (2003b: 128, 141ff.), werden mit Hilfe von Symbolen solche Transzendenzerfahrungen einzuholen versucht, die (außeralltäglich) zwischen den geschlossenen Sinnprovinzen bestehen bzw. die aus der Alltagswelt auf andere geschlossene Sinnbereiche verweisen. Die Theorie des Sinnzusammenhangs der Lebenswelt hat diese Typologie appräsentativer Verweisungen zur Grundlage (vgl. 2003b: 128-134, 141-151, 167-178). Am

18 Ähnlich argumentiert auch Gurwitsch, der in einem Schütz zur Kenntnis gegebenen Brief vom 2. November 1952 an Voegelin formuliert: »In jedem Falle muß man, um eine Gesellschaft zu begreifen, davon ausgehen, als was diese Gesellschaft sich selbst nimmt – vielleicht, und wohl in der Regel, in einem Modus unartikulierter Implizitheit« (Schütz & Gurwitsch 1985: 290).

Beispiel aufsteigenden Rauches, der nicht nur als physisches Ding, sondern ebenso als Zeichen betrachtet werden kann (2003b: 128f.), zeigt Schütz in Aufnahme von Husserls Analyse des Phänomens der »Paarung oder Dopplung« als einer Form von »Assoziation«, dass das appräsentierende Glied des Paares mit dem appräsentierten Glied intuitiv zugleich gegeben ist: »Vermittels der Appräsentation erfahren wir intuitiv etwas so, dass es ein anderes abbildet oder signitiv andeutet« (2003b: 130).

Auf der Grundlage dieser allgemeinen Typik menschlicher Wahrnehmungsstruktur führt Schütz den Nachweis, »dass Zeichen und Symbole Mittel sind, durch die der Mensch mit seinen vielfältigen Erfahrungen der Transzendenz fertig wird«. Allen Transzendenzformen entsprechen danach spezifische Formen von Appräsentationsbeziehungen (2003b: 128, 143ff.).

Merkzeichen und Anzeichen sind appräsentative Verweisungen, in denen das appräsentierte Glied *aktuell* nicht unmittelbar erfassbar ist. Zeichen sind demgegenüber appräsentative Beziehungen, in denen das appräsentierte Glied *grundsätzlich* nicht unmittelbar erfasst werden kann. Beispiele für Merkzeichen als ausschließlich subjektiven Erinnerungsmalen sind ein geknickter Zweig, ein Lesezeichen oder eine Anstreichung im Text. Beispiele für Anzeichen, die eine typische Beziehung zum Ausdruck bringen, sind der Rauch, der auf Feuer verweist, oder die Zeigerposition der Tankanzeige. Zum Typus der Zeichen gehören u. a. die Mimik, das Erröten, ein Lächeln, das Weinen oder spezifische Ausdrucksformen eines Mitmenschen, z. B. lautes Kreischen (vgl. insges. 1984: 313ff.).[19]

Von besonderer Bedeutung ist der Zeichentyp der Symbole. Schütz verweist hier auf die Brückenfunktion der Symbolbeziehung zwischen den mannigfaltigen Wirklichkeiten, also auf die Bedeutung von ›interaktiven Symbolbeziehungen‹ als Sinnklammern zwischen den verschiedenen Sinnprovinzen (2003b: 128, 182ff.).[20]

---

19 Dabei handelt es sich nie um einsinnige (also eindeutig fixierbare) und endgültige (also nicht nicht-aufstufbare) Verweisungsstrukturen. Vgl. den ›Grundsatz der (unbegrenzten) Übertragbarkeit‹, demzufolge alles, was ein Hinweis auf etwas ist, auch ein Hinweis auf einen Hinweis werden kann.

20 Vgl. dazu: Hans-Georg Soeffner, »Zur Soziologie des Symbols und des Rituals«, in ders: *Gesellschaft ohne Baldachin. Über die Labilität von*

Insofern bei symbolischen Beziehungen nur das appräsentierende Glied des Paares dem Sinnbereich des Alltags zugehört, während das appräsentierte Glied des Paares einem anderen geschlossenen Sinnbereich angehört, verbindet eine symbolische Beziehung mindestens zwei verschiedene geschlossene Sinnprovinzen. So verweist beispielsweise für einen Christen das Kreuz – als ein Gegenstand, ein wahrnehmbares Objekt in der Alltagswelt – zugleich auf die außeralltägliche Sinnprovinz der Religion.

Die unterschiedenen Appräsentationsbeziehungen (Merkzeichen, Anzeichen, Zeichen und Symbole) erlauben eine weitere Systematisierung danach, ob es sich um subjektive, intersubjektive oder transsubjektive (objektive) Verweisungen handelt.

Zu den »subjektiven« Verweisungen gehören zunächst Merkzeichen und Anzeichen. Während es sich bei Merkzeichen um rein subjektive Erkennungsmale, also um individuelle mnemonische Hilfsmittel handelt wie z. B. ein Knoten im Taschentuch (2003b: 144f.), geht es bei der Verweisungsfunktion von Anzeichen um ein Wissen um die typische Verbundenheit von bestimmten Gegebenheiten, Gegenständen oder Geschehnissen miteinander. Dabei kann es sich z. B. um das Wissen über die Konsequenzen der Nicht-Einhaltung eines Abgabetermins für einen Aufsatz handeln oder um die Erwartung bestimmter Reaktionen angesichts des Versäumnisses, einen Anruf im Elternhaus nicht getätigt zu haben (2003b: 146f.).

Demgegenüber sind Zeichen als ›intersubjektive‹ Verweisungen zu bestimmen, insofern vermittels dieser in Gestalt von Gegenständen, Gegebenheiten oder Geschehnissen einem Interpretierenden die Erfassung von Gedanken eines Mitmenschen ermöglicht wird, diese also erschlossen bzw. verständlich gemacht werden – wie z. B. eine Bewegung oder eine Äußerung eines Mitmenschen (2003b: 153ff., 156f.).

Schließlich können Symbole als zwar ›intersubjektiv‹ erzeugte, aber ›transsubjektiv‹ (objektiv) fungierende Verweisungen begriffen werden (2003b: 176). Symbole sind Resultate von bestimmten

---

Ordnungskonstruktionen, Weilerswist: Velbrück (2000: 180-208), und: Jochen Dreher, »The Symbol and the Theory of the Life-World: ›The Transcendences of the Life-World and Their Overcoming by Signs and Symbols‹ «, in: *Human Studies* (26, 2003: 141-163).

Verfahrensweisen, mit den wir beunruhigende Erscheinungen, die die Welt des Alltags transzendieren, in Analogie zu innerhalb dieser Welt bekannten Phänomenen deuten (2003b: 169). Es handelt sich also um eine Appräsentationsbeziehung »zwischen zwei Größen [...], die mindestens zu zwei Sinnprovinzen gehören« (2003b: 182).

Symbole fungieren somit als »Brücken« zwischen den verschiedenen Wirklichkeitsbereichen. Sie dienen dazu, Außeralltägliches im Bedeutungshorizont des Alltags einzuholen und einzugliedern und damit sinnstrukturell »beherrschbar« zu machen, d. h. in einen alltäglich als transparent angesehenen Sinnzusammenhang zu stellen (vgl. 2003b: 128, 167ff., 182ff.). Symbolisierungsprozesse fungieren somit als Mechanismen der Integration anderer Wirklichkeiten bzw. als anders erfahrener oder gedeuteter Wirklichkeiten in die pragmatisch ausgezeichnete und gesellschaftlich etablierte Alltagswirklichkeit.[21] Symbolisierungen dienen damit der deutungsmäßigen »Beherrschung« sowohl – vormodern – einer qua göttlicher Macht als fremd begriffenen Natur, als auch – modern – einer qua soziokultureller Komplexität als fremd erfahrenen sozialen Umwelt.

Im Kern erweist sich ›Sinn‹ damit als eine »komplexe Symbolstruktur« (1981: 325). Die sinndimensionale, also räumliche, zeitliche und soziale Differenzierung der Lebenswelt wird ebenso wie die Sinndifferenzierung zwischen Alltäglichkeit und Außeralltäglichkeit aufgefangen durch das typische Repertoire appräsentativer Verweisungen mit ihrem Kern symbolischer Beziehungen. Wie schon die »differenzierungsanalytische« Perspektive, so verweist also auch die »integrationsanalytische« Perspektive in Gestalt der Frage nach dem Sinnzusammenhang der sozialen Wirklichkeit auf das wissenssoziologische Profil des Werkes von Schütz (vgl. unten Kap. VI).

21 Dazu: Luckmann, a.a.O. (1985: 535, 545) und (1999: 11).

VI Das wissenssoziologische Profil der Lebensweltanalyse

Das Werk von Alfred Schütz markiert in der Geschichte der Wissenssoziologie einen Wendepunkt. Hatte sich die klassische, insbesondere mit den Namen Max Scheler und Karl Mannheim verbundene Wissenssoziologie primär auf die Analyse weltanschaulichen und wissenschaftlichen Wissens beschränkt, so richtet Schütz ihr Augenmerk erstmals primär auf das Alltagswissen der Handelnden.[1]

Vorbereitet ist diese Wende auf der einen Seite durch das Werk von George Herbert Mead (1863-1931) und der von ihm vermittelten Einsicht in die soziale Konstitution von Wissen und Bedeutungen. Auf der anderen Seite verdankt diese Neuorientierung wesentliche Impulse den Vertretern des ›Symbolischen Interaktionismus‹. Deren zentrale Annahme lautet, dass Menschen nicht einfach nur auf die Handlungen anderer »reagieren«, sondern ihre Reaktionen sich den wechselseitigen Deutungen und Interpretationen des Handelns der Beteiligten verdanken, dass Menschen also auf der Grundlage der Bedeutungen handeln, die die Dinge, die Anderen und die sozialen Verhältnisse für sie haben. Diese Annahme ist von William Isaac Thomas (1863-1947) und Dorothy Swain Thomas (1899-1977) auf die klassische Formel der ›Definition der Situation‹ gebracht worden: »If men define situations as real, they are real in their consequences.«[2] Diese, unter dem Titel ›Thomas-Theorem‹ bekannt gewordene Einsicht verweist darauf, dass Handelnde sich vornehmlich an ihrem ›subjektiven‹ Wissen über die sozialen (›objektiven‹) Verhältnisse orientieren und dass dieses Wissen auch

---

1 Vgl. dazu die historisch-systematische Orientierung bei Berger & Luckmann (1969: 1-20). Eine aktuelle Gesamtdarstellung des wissenssoziologischen Forschungsstranges jetzt bei Hubert Knoblauch, *Wissenssoziologie*, Konstanz: UVK/UTB (2006).

2 Vgl. William I. Thomas & Dorothy S. Thomas, *The Child in America. Behavior Problems and Programs*, New York: Knopf (1928: 571) (dt. auszugsweise in: W. I. Thomas, *Person und Sozialverhalten*, hg. v. E. H. Volkert, Neuwied: Luchterhand (1965: 113-115)).

dann zu realen Konsequenzen führt, wenn es den ›objektiven‹ Verhältnissen und/oder den Deutungen jener Verhältnisse durch andere Handelnde widerspricht (vgl. 1971a: 10, 2003b: 188f.).

Im Anschluss an diese Einsicht geht es Schütz – wie auch den an ihn anschließenden Arbeiten – darum, die unmittelbare Verschränkung von Wissen und Wirklichkeit sowie von Wissen und Handeln ins Zentrum des wissenssoziologischen Forschungsprofils zu rücken. »Die Welt des täglichen Lebens« ist, so Schütz, »ein Universum von Bedeutungen, also ein Sinnzusammenhang. [...] Und dieser Sinnzusammenhang entspringt [...] menschlichem Handeln« (1971a: 11). Insofern dieser Ansatz den Bedeutungsgehalt der Begriffe Wirklichkeit, Wissen und Handeln geradezu miteinander verschmelzt, führt er die Wissenssoziologie von ihrem frühen Selbstverständnis einer soziologischen Teildisziplin weg und konsequent hin zu einem Selbstverständnis als allgemeiner grundlagentheoretischer Perspektive der Soziologie.[3]

Die Verschränkung des Gehalts der Begriffe Wirklichkeit, Wissen und Handeln führt insbesondere zu einer Neuorientierung des Gegenstandes der Wissenssoziologie: diesen bildet nun primär das ›Alltagswissen‹. Die Frage »Was ist Wissen?« wird von Schütz also unter selbstverständlichem Rekurs auf das Alltagsverständnis von ›Wissen‹ beantwortet. Für das Alltagswissen charakteristisch ist seine Gestalt als ›Routine-‹ und ›Rezeptwissen‹ (1972: 58) auf der Basis der Grundannahmen der »Weltstruktur, der Konstanz der Gültigkeit unserer Erfahrung von der Welt und der Konstanz unserer Vermöglichkeit, auf die Welt und in ihr zu wirken« – den Grundannahmen der für die Lebenswelt charakteristischen ›natürlichen Einstellung‹, die die Grundidealisierung der ›Reziprozität der Perspektiven‹ begründen (2003a: 327f., vgl. oben S. 52ff. u. S. 82). Als »Kochbuchwissen« ist dieses Alltagswissens zudem »inkohärent«, lediglich »teilweise« klar und insgesamt »nicht konsistent« (1972: 32f., 56f.). In handlungspraktischer Hinsicht ist für diesen Wissenstypus und damit das »Routinehandeln« charakteristisch, »dass das Problem der Wahl zwischen verschie-

3 Diese Traditionslinie der Wissenssoziologie wird in systematischer Weise fortentwickelt zu einer allgemeinen Theorie der sozialen Wirklichkeit bei Berger & Luckmann (1969).

denen Möglichkeiten nicht ins Bewusstsein des Handelnden dringt« (1972: 34). Pragmatisch vorrangig relevant sind »typische Lösungen für typische Probleme [...], die jedem typisch Handelnden zugänglich sind« (1972: 65).

Die selbstverständliche Gegebenheit des alltäglichen Wissens von der Sozialwelt verdankt sich letztlich seiner Einbettung in die unmittelbare, lebendige Gegenwart (›vivid present‹) gelebter Intersubjektivität. Denn dieses Wissen (als kultureller, intersubjektiv geteilter Bezugsrahmen) verweist immer schon auf Andere, wobei die intersubjektive Eingebundenheit ihre natürliche Grenze einerseits an den jeweils auf das Subjekt zentrierten Perspektiven und andererseits an dessen gruppenbezogener sozialen Einbindung hat. Beide Typen von Grenzen verweisen auf die Perspektivität und soziale Konstruiertheit des Alltagswissens (vgl. den folgenden Abschnitt) ebenso wie auf seine sozio-kulturelle Differenzierung (vgl. S. 108ff.)

Typik, Interpretativität, Relevanz

Für die Entfaltung des wissenssoziologischen Profils seiner Lebensweltanalyse geht Schütz von drei grundlegenden Erkenntnissen der modernen, mit den Namen F. Nietzsche, W. James, G. H. Mead, J. Dewey, H. Bergson, E. Husserl und A. N. Whitehead verbundenen Philosophie aus. Diese bringt Schütz an zentraler Stelle seines Werkes mit den folgenden Formulierungen auf den Begriff: (1) »Unser gesamtes Wissen von der Welt [...] enthält Konstruktionen«; (2) »alle Tatsachen sind immer schon [...] interpretierte Tatsachen« und (3) »die Tatsachen [tragen] ihren interpretativen inneren und äußeren Horizont mit sich, [... da] wir jeweils bloß bestimmte ihrer Aspekte erfassen, sofern sie [für uns ...] relevant sind« (1971a: 5f.). Verweist der *erste* Gesichtspunkt darauf, dass menschliches Wissen stets von Typisierungen durchzogen ist, so erteilt der *zweite* jedweder Form eines naiven Realismus in der Soziologie eine Absage, während der *dritte* auf den Umstand zielt, dass die soziale Wirklichkeit für die Handelnden das ist, was sie darunter aufgrund der sie leitenden pragmatischen Motive verstehen und handlungswirksam machen.

Jedwede »Objekte« werden, so Schütz, in der natürlichen Einstellung *erstens* »von vornherein in ihrer Typenhaftigkeit erfahren« (1984: 311, 327): »Unser Wissen von der Lebenswelt [... ist] ein Wissen von der Typik der Objekte und Vorgänge in der Lebenswelt« (2003a: 337, 1972: 76f., 209ff.). Das Alltagswissen ist stets von Konstruktionen, von begrifflichen Generalisierungen durchzogen (1972: 42): So wird die Außenwelt nicht einfach als »Anordnung diskreter einmaliger Gegenstände« erfahren, sondern als »Berge, Bäume, Tiere, Mitmenschen« (1971a: 8f.). Dabei besteht der Prozess der ›Typisierung‹ darin, »die individuellen Merkmale im typisierten Gegenstand außer Acht zu lassen, diejenigen Tatsachen oder Ereignisse, die für das vorliegende Problem irrelevant sind« (1972: 217). Im Typisieren vollzieht sich somit zugleich eine Verdichtung und Vereinfachung der Wahrnehmung und Deutung von sozialer Wirklichkeit.

Das zuvor eingeführte Phänomen der appräsentativen Struktur menschlicher Erfahrung (vgl. oben S. 92f.) steht damit in unmittelbarem Zusammenhang mit der stets typischen Strukturierung von Welterfahrungen und verweist auf den prinzipiell zeichenstrukturierten Charakter menschlicher Erfahrung. Die typische Struktur der Alltagssprache zeigt, dass appräsentative Beziehungen die allgemeine Strukturform der Sinnübertragung im Alltag ausmachen. Für Schütz heißt das, dass die relative Eindeutigkeit des Alltags und der über partielle Störungen, Probleme und Verständigungsschwierigkeiten hinweg führende Orientierungswert alltäglich etablierter Sinnmuster in Form von Typisierungen auf den appräsentativen Leistungen des Bewusstseins beruht, die in alltagssprachlichen Typenbegriffen ihren Ausdruck finden. Sie umschreiben den Kern der Konstitution alltäglicher Normalitätsannahmen.

Von herausgehobener Bedeutung ist für Schütz dabei die methodologische Pointe einer strukturellen Analogie der Begriffsbildung in Alltag und Wissenschaft (vgl. oben S. 55ff.). Der typische Charakter alltäglichen Verstehens erfordert auch für wissenschaftliche Verstehensprozesse eine typologische Begriffsbildung. Darin liegt die methodologische Begründung des Zuschnitts verstehender Soziologie, die ihre Begriffe als ›Konstruktionen zweiter Ordnung‹ der alltäglichen ›Konstruktionen erster Ordnung‹ versteht (1971a: 6f., 68, 70).

Ist menschliche Welterfahrung prinzipiell typisch strukturiert, dann ist jedwede Erfahrung *zweitens* immer schon vermittelt durch ein sprachlich formiertes Weltverhältnis. Das grundsätzlich von Konstruktionen durchzogene Alltagswissens reflektiert das hermeneutische Profil alltäglichen Wirklichkeitsverständnisses, das seinerseits nicht in einem naiven Realismus aufgeht. Wenn die alltägliche Erfahrung immer schon von Konstruktionen durchzogen ist, dann ist das Alltagswissen kein Reservoir des Wissens über die »Dinge an sich«, sondern ein Wissen je spezifischer Ansichten von den »Dingen«.

Entsprechendes gilt in gesteigerter Form für das wissenschaftliche Verstehen sozialer Wirklichkeit: Die Soziologie hat sich stets darüber bewusst zu sein, dass sie nicht »naiv« soziale Wirklichkeit im Rahmen der von ihr verwendeten Begrifflichkeit abzubilden vermag, sondern dass auch ihr Weltzugang ein notwendig hermeneutisch gebrochener ist. Perspektivität, Deutungen, Sprache prägen nicht nur, sondern ihnen kommt konstitutive Bedeutung für jede Vorstellung von sozialer Wirklichkeit zu. Es ist somit für Schütz »ein Missverständnis des wesentlichen Charakters der Wissenschaft zu denken, dass sie mit der Realität zu tun hat, wenn wir die Alltagswelt als das Muster der Realität betrachten« (1972: 49). Denn »es gibt keine *Facts* schlichtweg, sondern nur interpretierte *Facts* [...]: alles Gegebene ist bereits mit Sinnstrukturen durchsetzt« (Schütz & Gurwitsch 1985: 279).

Für ein durch die phänomenologische Philosophie Edmund Husserls geprägtes Verständnis von sozialer Wirklichkeit ist somit die Einsicht leitend, dass das, *was* erfahren wird, nicht ohne die Art und Weise verstanden werden kann, *wie* es erfahren wird – und damit auch nicht ohne die mit dieser Art und Weise notwendig einhergehenden Grenzen. Das analytische Potenzial der phänomenologischen Philosophie entfaltet sich in der Soziologie also im Ausgang von der zentralen Annahme, dass die Erfahrungen nicht von der Art und Weise ihres Erfahrens, d. h. von den Formen dieser Erfahrungen zu trennen sind. Und mit dieser Einsicht verbindet sich sowohl in theoretischer als auch in forschungspragmatischer Hinsicht konsequent ein hermeneutisches und wissenssoziologisches Profil.

Insofern der Aufklärung des Zusammenhangs zwischen offenkundigem menschlichem Handeln, also Wirken, und den Sinnstrukturen der Wirklichkeit Schütz' Forschungsinteresse gilt, kann die verstehende Soziologie für ihn auch nicht einfach naiv eine intersubjektiv konforme Sinndeutung der sozialen Wirklichkeit unterstellen – also weder naiv realistisch noch naiv konventionalistisch verfahren. Entsprechend dieser doppelten Absage muss die Soziologie konsequenterweise die Konstitutionsprozesse in den Blick bekommen, in denen sich Sinnsetzungen aufbauen.[4] Und in diesem Zuge hat sie nicht nur zu klären, was Sinnsetzung im Handeln in subjektiver, sondern auch, was Sinnsetzung in intersubjektiver Hinsicht bedeutet. Denn die Welt ist, wie Schütz betont, von Anfang an immer schon eine intersubjektive Welt (1971a: 11, 2004b: 130, vgl. oben S. 62).[5]

Für das Forschungsanliegen der phänomenologisch fundierten verstehenden Soziologie stellt sich demnach *drittens* im Kern die Frage, wie sich die Dinge in, durch sowie aufgrund der jeweiligen Art und Weise des pragmatischen Zugangs zu ihnen zeigen. Eine Frage, die notwendig auf die wechselseitige Verwiesenheit von Typisierungen und Relevanzstrukturen führt (2003a: 335f., 2003b: 108).

Der Begriff der Relevanz steht damit bei Schütz ganz allgemein für die herausragende Bedeutung »pragmatischer Motive« für den Konstitutionsprozess der Lebenswelt (2003a: 204, 2004a: 439f.) und damit mittelbar für die Bedeutung unterschiedlicher sozialer Perspektiven, Positionen, Wirkensbeziehungen und Einbindungen in Gruppenzusammenhänge. Relevanzen beruhen für Schütz im Kern auf der menschlichen »Grunderfahrung« der ›Fundamentalangst‹;[6] also der Gewissheit, irgendwann zu sterben und sich

---

4 Das Problem, das Schütz sich hier stellt, beschreibt er früh als den Versuch, »in der Sprache unter die Sprache [zu] gelangen« (1981: 329). Es motiviert seine anhaltenden Auseinandersetzungen mit solchen »Tatsachen des täglichen Lebens, deren Bilder die Sprache nur vage umschreibt«.

5 Insofern dieser intersubjektive Grundzug sich nicht zuletzt in der von Typisierungen durchzogenen Struktur von Deutungen und Weltsichten dokumentiert, und diese damit immer schon sozial eingebunden sind, lässt sich aus diesem Umstand zugleich die systematische Konsequenz ziehen, dass im Kern niemals grundsätzlich solitäre Weltsichten möglich sind.

6 In Abwandlung der Einführung dieses Begriffs in Martin Heideggers Untersuchung *Sein und Zeit* (1927), in: *Gesamtausgabe* Bd. 2, hg. v.

davor zu fürchten, weshalb Schütz diese Angst als Grundmotiv des Wirkens in der Welt deutet (2003a: 204f., 2003b: 108).

Aus diesen Gründen ist für Schütz die Lehre von den Relevanzen von zentraler Bedeutung für die Theorie der Sozialwissenschaften, da ohne sie keine Grundlegung einer Wissenschaft vom menschlichen Handeln möglich ist (2003a: 341): »Aufgabe einer philosophischen Soziologie« ist die Analyse der »ähnlichen Struktur« der Relevanzen, die für »eine phänomenologische Analyse der Strukturen der Lebenswelt die notwendigen Vorbedingungen schafft« (2003a: 342). Denn da die Welt als Ganze prinzipiell undurchsichtig und unverstehbar ist (2004b: 193), bringen die Systeme der Relevanzstrukturen Teilinhalte der Welt in Sinnzusammenhänge (2003a: 340). Als »Aufgabe der Gesellschaftswissenschaften« betrachtet Schütz deshalb die Analyse dieser sozialen und kulturellen Bedingtheit von Relevanzen (2003a: 341).

Grundsätzlich sind die je spezifischen Relevanzen als Ausdruck der jeweiligen biografisch bestimmten Situation der Einzelnen zu verstehen, die zwei Hauptkomponenten aufweist: einmal die (objektive) ›ontologische Struktur‹ der vorgegebenen Welt, sodann den aktuellen (subjektiven) biografischen Zustand des Individuums (2003a: 332). Als Ausdruck der sozialen und kulturellen Bedingtheit biografischer Situationen strukturieren Relevanzen das alltägliche Wissen der Handelnden in dreierlei Hinsicht: Schütz unterscheidet zwischen (a) zwei Relevanzsystemen, (b) drei Relevanztypen und (c) vier Relevanzzonen. Als »Aufgabe der Gesellschaftswissenschaften« betrachtet er die Analyse dieser sozialen und kulturellen Bedingtheit von Relevanzen (2003a: 341).

(a) Die zwei ›Relevanzsysteme‹ differenzieren sich im Prinzip entlang der Achse Eigenes – Fremdes. Unterschieden werden von Schütz ›intrinsische Relevanzen‹ und ›auferlegte Relevanzen‹. Während erstere Resultat selbst gewählter Interessen sind, stehen Letztere außerhalb eigener Kontrolle, werden als von außen kommende Bedingungen reflektiert und markieren nicht zuletzt ontologische Komponenten der biografischen Situation (1972: 92f., 2003a: 332, 2004b: 91f., 95ff.).

Friedrich-Wilhelm von Herrmann, Frankfurt a. M.: Klostermann (1977: bes. § 40).

(b) Die Unterscheidung von drei ›Relevanztypen‹[7] stellt sodann auf die zeitliche Struktur des Interessenbezuges im Handlungs- und Deutungsprozess ab. Sie verdankt sich der Relationierung von ›ontologischer Struktur‹ und ›aktuellem biografischem Zustand‹.

(1) Mit dem Stichwort der ›Motivationsrelevanz‹ (2003a: 333f., 2004b: 106ff.) umschreibt Schütz den Aspekt, dass jeweils nur bestimmte Kausalrelationen der objektiven Welt als Interessenzusammenhänge, Problemkreise oder Pläne erscheinen; dass also »das Interesse bestimmt, welche Elemente der ontologischen Struktur der vorgegebenen Welt [...] relevant sind«. Dieses Interesse (als Form der Relevanz) wird subjektiv als Motiv zur Definition der Situation erlebt, unabhängig davon, ob die Situationskomponenten als auferlegt oder als der eigenen Spontaneität entspringend gedeutet werden. Darüber hinaus werden alle Motivationsrelevanzen subjektiv als System von Plänen im Rahmen eines übergeordneten Lebensplans erlebt (2003a: 340).

(2) ›Thematische Relevanzen‹ (2003a: 333-337, 2004b: 90ff.) hingegen ergeben sich aus dem Umstand, dass typischerweise nicht alle motivationsmäßig relevanten Elemente zureichend vertraut bzw. vorgewusst sind oder die aktuelle Situation nicht einer Vormaligen dem Typus nach gleich ist. In diesem Fall ist ergänzendes Wissen über diese Elemente bzw. die Situation erforderlich, d. h. relevant für den Wissenserwerb und die Definition der Situation (2003a: 334). In diesem Fall werden relevante Elemente nicht als fraglos gegeben und damit selbstverständlich betrachtet, sondern als »fragwürdig« bzw. »befragenswert« erachtet. Deren Bearbeitung geschieht nach dem Prinzip des ›first things first‹ (2003a: 335). Wobei diese thematischen Relevanzen ihrerseits wiederum entweder auferlegt oder intrinsisch motiviert sein können.

(3) Als ›Interpretations-‹ bzw. ›Auslegungsrelevanzen‹ (2003a: 337-339, 2004b: 98ff.) bezeichnet Schütz schließlich diejenigen Relevanzen, die für die Lösung des thematisch relevanten Problems Bezüge auf den aktuell verfügbaren Wissensvorrat

7 Schütz' Begrifflichkeit ist dabei nicht durchgängig konsistent. So spricht er im Relevanzmanuskript mit Blick auf die drei Relevanztypen auch von Relevanzsystemen (2004b: 113ff.).

herstellen, aus dem nicht alle Elemente relevant sind (2003a: 337). Die assoziative Verflechtung des erworbenen Wissens mit dem thematisch Relevanten wiederum wird durch die verschiedenen Stile der Typisierung des verfügbaren Wissens und seine verschiedenen Vertrautheitsstufen bestimmt. Typisierung erweist sich somit als eine Funktion der Auslegungsrelevanzen (2004b: 120ff.). Ein Zusammenhang, der nochmals zu erkennen gibt, dass alle Typisierungen und alle Typen »problemrelativ« sind (1971a: 69, 1972: 203, 2003a: 338).

(c) Wiederum quer zu den Unterscheidungen von Relevanzsystemen und Relevanztypen liegt die dritte für Schütz wesentliche Unterscheidung, die von vier ›Relevanzzonen‹ bzw. ›-regionen‹ oder auch ›Wissensgraden‹, die sich dem Kriterium der Graduierung, also der Relevanz der Relevanzen verdankt (1972: 90, 93f., 2003a: 334 Anm. E33). Unterschieden werden hier die Zonen primärer und geringerer Relevanz von den Zonen des relativ und des absolut Irrelevanten.[8] Während Schütz zufolge hinsichtlich der Ersteren ein »Optimum an klarem und deutlichem Verstehen ihrer Struktur« zu realisieren ist, genügt hinsichtlich der Zweitgenannten eine Kenntnis der »Chancen und Risiken«, die sie für die Ersteren mit sich bringen. Mit Blick auf die Zonen des relativ und des absolut Irrelevanten hingegen ist von einem hohem Maß an Fraglosigkeit auszugehen, das die entsprechenden Wissenselemente besitzen; bis hin zum »für alle praktischen Zwecke« ausreichenden »blinden Glauben an das Daß und das Wie der Dinge innerhalb der Zone der absoluten Irrelevanz« (1972: 90).

Mit dieser Unterscheidung von Relevanzsystemen, Relevanztypen und Relevanzgraden entwickelt Schütz einen komplexen Rahmen zur Beschreibung pragmatischer Motive, insofern die Strukturierung des jeweils aktuell vorhandenen Wissensvorrats davon bestimmt wird, dass man »nicht an allen Schichten der Welt in […] Reichweite *gleich* interessiert« ist (2003b: 146), ebenso wie auch der für das Wissens von der Lebenswelt wesentlichen Differenzierungen. In beiden Hinsichten als zentral erweisen sich die sozio-kulturellen Prägungen von Wissensformen.

8 Für die Unterscheidung von Vertrautheitsgraden, insbes. die Abgrenzung von Vertrautheits- und Bekanntheitswissen vgl. Kap. VII.

Sozialisierung des Wissens

Eine umfassende Analyse der »sozialisierten Struktur« des Wissens von der Lebenswelt würde Schütz zufolge eine intensive »Diskussion der verschiedenen Dimensionen der sozialen Welt und der dadurch bedingten sozialen Verteilung des Wissens voraussetzen« (2003a: 357). Während die Dimensionen sozialer Wirklichkeit bereits vorstehend eingeführt wurden (vgl. S. 70ff. und S. 83ff.), ist die soziale Verteilung des Wissens nun als ein zentraler Aspekt der Sozialisierung des Wissens zu behandeln.

Eine Orientierung über die von Schütz herausgestellten Aspekte der Sozialisierung des Wissens kann von seinem Hinweis ausgehen, dass ein »existentielle[s] Element allen menschlichen Wissens [...] in der Überzeugung von der wesentlichen Undurchsichtigkeit unserer Lebenswelt« besteht (2004b: 193).[9] Diese Undurchsichtigkeit verweist grundlagentheoretisch nicht nur auf Schütz' zuvor behandelte Unterscheidung sog. ›mannigfaltiger Wirklichkeiten‹, also auf seine Analyse der Sinndifferenzierung der Lebenswelt über vielfältige ›Erkenntnisstile‹ (s. oben S. 85ff.), sondern ebenso auf die sozio-kulturellen Aspekte der Differenzierung konkreter Lebenswelten angesichts ihrer sozialen Komplexität und der sie durchziehenden Vertrautheit-Fremdheit-Spannungen. Sie dokumentieren insgesamt, dass die Lebenswelt weder homogen noch ein Ort konsensueller Harmonie ist (s. unten S. 113ff.).

Es war bereits deutlich geworden, dass Schütz den grundlegend »intersubjektiven Charakter des Alltagswissens« ins Zentrum

9 Dieser Gedanke nimmt zusammen mit der Einführung des Rollenbegriffs nicht zuletzt Motive von Robert Musils Roman *Der Mann ohne Eigenschaften* auf. Darin widerspricht Ulrich entschieden Walters Schwärmen von Männern, die »heute noch das Bestreben« hätten, »etwas Ganzes zu sein« und stellt apodiktisch fest: »Das gibt es nicht mehr. Du brauchst bloß in eine Zeitung hineinzusehn. Sie ist von einer unermeßlichen Undurchsichtigkeit erfüllt. Da ist die Rede von so vielen Dingen, daß es das Denkvermögen eines Leibniz überschritte. Aber man merkt es nicht einmal; man ist anders geworden. Es steht nicht mehr ein ganzer Mensch einer ganzen Welt gegenüber, sondern ein menschliches Etwas bewegt sich in einer allgemeinen Nährflüssigkeit« (Reinbek: Rowohlt 1978: 217, vgl. auch 428, 744).

seiner Überlegungen rückt. Denn der individuell-perspektivischen Differenzierung des Wissens aufgrund von Interessen bzw. Relevanzen entsprechen als ihre objektiven Korrelate sozio-kulturelle Differenzierungen von Wissenssphären. Dieses Phänomen der ›Sozialisierung des Wissens‹ beinhaltet für ihn insbes. vier Aspekte (1972: 97ff., 221; 2003a: 269f., 330f.; 2003b: 188f., 190f.).[10] Zu unterscheiden ist:

(1) der ›soziale Ursprung‹ des Wissens, also eine historisch-genetische Perspektive auf den sozial übermittelten Charakter allen Wissens, der auf das empirische Phänomen des Gruppenbezuges verweist;

(2) der ›sozial abgeleitete‹ Charakter des Wissens, der empirisch zur Unterscheidung verschiedener Plausibilitätszonen bzw. -grade (Rationalitätstypen) des Wissens führt;

(3) die ›soziale Verteilung‹ des Wissens bzw. die sozial differentielle Verfügbarkeit des Wissens, die empirisch auf die soziale Ungleichverteilung des Wissens verweist, und

(4) der ›sozial gebilligte‹ Charakter des Wissens, der empirisch zur Unterscheidung von Legitimationsgraden des Wissens führt.

Die *erste Strukturierung* des Wissens thematisiert unter dem Stichwort des sozialen Ursprungs den grundsätzlichen Gruppenbezug jeden Wissens. Dieser Gruppenbezug ist wesentlich strukturiert über die Differenz von Eigengruppe und Fremdgruppe (1972: 95, 223ff., 231ff.). Die Strukturierung des Wissens von der Lebenswelt durch Typisierungen und Symbolisierungen er-

---

10 Im Rahmen seiner methodologischen Abhandlungen systematisiert Schütz das Phänomen der Sozialisierung des Wissens unter drei Stichpunkten: Danach ist Wissen »strukturell sozialisiert«, »genetisch sozialisiert« und »sozial sozialisiert« (1971a: 12ff., 70f.). Der Gesichtspunkt der strukturellen Sozialisierung verweist in diesen Darstellungen auf die Grundidealisierung der ›Reziprozität der Perspektiven‹, der Aspekt der genetischen Sozialisierung fasst die Aspekte der ›sozial abgeleiteten‹ und ›sozial gebilligten‹ Sozialisierung zusammen und der Aspekt der sozialen Wissensverteilung wird dort ohne ungleichheitsanalytischen Index erörtert. Demgegenüber stellt die hier gewählte Systematisierung deutlicher auf die sozio-kulturellen Strukturen der Wissensdifferenzierung ab, während die strukturelle Sozialisierung grundlagentheoretisch eher auf den Sinnzusammenhang der Lebenswelt verweist.

weist sich im Kern als sozial bedingtes Ausdrucks- und Deutungsschema der jeweiligen Gruppe, der Menschen angehören, ihrer ›Kultur‹ (2003a: 330).

Dies ist ein Phänomen der Differenzierung der Lebenswelt und des Wissens von ihr, das gegenwärtig u. a. im Zuge forcierter Re-Ethnisierungsprozesse spezifische Brisanz erhält: Denn die Lebenswelt zeigt sich nicht nur subjektiv als in ›mannigfaltige Wirklichkeiten‹ gegliedert, sondern sie weist zudem insofern *soziale* Modifikationen auf, als der als selbstverständlich erfahrenen Alltagswirklichkeit der ›Eigengruppe‹ eine Pluralität von Alltagswirklichkeiten von ›Fremdgruppen‹ gegenüber steht. Die historisch gewachsenen ›Zivilisationsmuster‹ der verschiedenen sozio-kulturellen Gruppen mit ihren unterschiedlichen Orientierungs- und Relevanzschemata transzendieren sich notwendig wechselseitig, so dass ein und diesselbe soziale Wirklichkeit für Person A ihren Alltag, für eine Person B jedoch einen außeralltäglichen Wirklichkeitsbereich darstellen kann (2003b: 167ff., 1972: 59ff., 203ff.). D. h. sowohl die Formen der ›Typisierung des Anderen‹ als auch die Formen der »Selbsttypisierung [...] sind in der relativ natürlichen Weltanschauung der [jeweiligen] sozialen Gruppe vorangelegt«. Entsprechende Typologien sind somit als »Bestandteil der sozial approbierten Typenbildung« konstitutiv relational, also gruppenbezogen perspektivisch (1984: 270).[11]

Insofern sich das Wissen von und damit auch die (Handlungs- und Interpretations-) Relevanzen im Hinblick auf die Sozialwelt ebenso in interaktiven Prozessen konstituieren wie die Überlappung der Wissens- und Relevanzsysteme, ist die so genannte ›natürliche Einstellung‹ der Individuen jeweils notwendig relativ auf eine soziale Gruppe bezogen (vgl. u. a. 1972: 54). Der Charakter des alltäglichen Wissens als eines sozial Konstruierten wird also insbesondere in der Gegenüberstellung von Eigengruppe und

11 Diese Überlegungen verweisen auf die Problematik sozialer Ausschließungsprozesse und damit unmittelbar auf das Feld herrschaftssoziologischer Reflexionen. Denn die Standardisierung von Typisierungen kann zur »Institutionalisierung, z. B. im Recht«, führen und so unmittelbar auf das »Problem des sozialen Zwangs« verweisen. Zur wechselseitigen Exklusion von Wirklichkeitsvorstellungen (vgl. 1972: 203ff., 222ff).

Fremdgruppe deutlich, insofern diese auf der Unterscheidung der Wissens-, Relevanz- und Orientierungsschemata beruht, die als gruppenbezogen spezifisch erkennbar sind: Die »Struktur [der konkreten historischen, sozio-kulturellen Lebenswelt] bestimmt unter anderem die soziale Wissensverteilung und die Relativität und Relevanz des Wissens in einer konkreten sozialen Umwelt für eine konkrete Gruppe in einer konkreten historischen Situation. Hier sind die legitimen Probleme des Relativismus, der Historismus und der sogenannten Wissenssoziologie« (1971a: 172).[12]

Gegenüber prinzipiellen Heterogenitätsvermutungen, die sich auf diese Argumentation stützen, hält Schütz jedoch fest, dass der Mensch »zumindest zu einem gewissen Grade, fähig [ist], seinen Mitmenschen zu verstehen«. Er verweist zur Begründung dieser, die alltägliche Erfahrung dominierenden Einschätzung auf die »Konformität des Relevanzsystems« der an Interaktionen jeweils beteiligten Akteure (1984: 284).

Damit wird zugleich die potenzielle Bedeutung des Programms der phänomenologisch fundierten verstehenden Soziologie für Fragen des interkulturellen Vergleichs deutlich: Wenn es in phänomenologischer Forschungsoptik gelingt, universale Strukturen freizulegen, könnten diese der vergleichenden Analyse verschiedener Kulturen nicht nur als struktureller Leitfaden im Sinne einer ›Matrix‹ dienen (so Luckmann 1980: 43f., 49, 50f.), sondern zugleich als Orientierungspunkte interkultureller Übersetzungsprozesse.[13] Ent-

---

12 Offen bleibt dabei die Frage, wie weit das wissenssoziologische Profil reicht. So stellt Schütz Gurwitsch am 26. Januar 1950 die Frage, ob denn »selbst Eidetik situationsgebunden und daher ›wissenssoziologisch‹ zu erklären« ist, und kommentiert seine Überlegung mit der Notiz: »O heiliger Mannheim!« (vgl. Schütz & Gurwitsch 1985: 188). Dieses Problem des Relativismus bildet den Kern des wissenssoziologischen Profils von Mannheims Werk (dazu: M. Endreß, »Soziologie als methodischer Relationismus. Karl Mannheims Auseinandersetzung mit der Relativismusproblematik als Kern seiner wissenssoziologischen Analyse der Moderne«, in: ders. & I. Srubar (Hg.), *Karl Mannheims Analyse der Moderne*, Opladen: Leske + Budrich 2000: 329-351.

13 Zur Fortführung dieser Argumentationslinie: Ilja Srubar, »Strukturen des Übersetzens und interkultureller Vergleich«, in: J. Renn et al. (Hg.), *Übersetzungen als Medium des Kulturverstehens und sozialer Integration*, Frankfurt a. M., New York: Campus (2002: 323-345) und:

scheidend ist somit, dass in Schütz' Werk sowohl die strukturellen Konturen entsprechender Phänomene als auch die strukturtheoretische Perspektive ihrer adäquaten sozialwissenschaftlichen Bearbeitung angelegt ist. Beide Aspekte firmieren im Rahmen der Lebensweltanalyse unter den Titeln ›Phänomene der Transzendenz‹ und ›appräsentative Strukturen‹ (vgl. S. 85ff. und S. 92ff.).

Zu den Strukturierungen des Wissens gehört *zweitens* dessen prinzipiell sozial abgeleiteter Charakter, der u. a. zu einer Gliederung von Wissenszonen nach Plausibilitäten führt. Das Stichwort ›sozial abgeleitet‹ zielt auf den Umstand, dass sich der überwiegende Teil menschlichen Wissens nicht unmittelbarer, sondern mittelbarer Erfahrung verdankt. Mit Bezug auf die typischen Konstellationen der Wissensübermittlung unterscheidet Schütz die Typen des Augenzeugen, des Insiders, des Analytiker und des Kommentator (1972: 98; vgl. Kap. VII).[14]

Unmittelbar verbunden mit einer Unterscheidung der Konstellationen der Wissensvermittlung ist eine Differenzierung der Vertrautheitsgrade des Wissens: Die Relevanz und Verlässlichkeit des überlieferten Wissens ist gebunden an die Zuschreibung von Glaubwürdigkeit an die Wissensvermittler. Wissen weist also entsprechend seiner Herkunft unterschiedliche Plausibilitäts- und Evidenzstufen auf. Diesbezüglich unterscheidet Schütz die Dimensionen des Vertrautheitswissens, des Bekanntheitswissens, die Dimensionen bloßen Glaubens und des Unbekannten bzw. des Nichtwissens (1972: 55f.; 2003a: 331; vgl. Kap. VII).

Eine *dritte Strukturierung* des Wissens reflektiert dieses als sozial verteilt und führt damit das Thema der sozialen Ungleichheit in Gestalt der Ungleichheit der sozialen Verteilung des Wissens in die

---

M. Endreß, »Die Einheit multipler Sinnordnungen in der sozialen Wirklichkeit«, in: M. Kaufmann (Hg.), *Wahn und Wirklichkeit – Multiple Realitäten*, Frankfurt u.a.: Lang (2003: 99-118).

14 In entwicklungsgeschichtlicher Perspektive ist Schütz' Analyse dabei offen für die Diagnose einer Zunahme unmittelbarer Erfahrung im Zuge des Entwicklungsprozesses moderner Gesellschaften, wie sie beispielsweise von Giddens unter dem Stichwort einer Entbettung aus Konstellationen räumlich-zeitlicher Kopräsens vorgelegt wurde (vgl. Anthony Giddens, *Konsequenzen der Moderne*, Frankfurt a. M.: Suhrkamp 1991: 33ff., 141ff.).

Wissenssoziologie ein (1972: 86, 2003a: 341f.): »Die Ungleichheit der Verteilung des Wissens in seinen verschiedenen Formen zwischen den einer Gruppe angehörigen Individuen und zwischen den Gruppen untereinander [ist] eine Grundkategorie des sozialen Lebens, die es verdiente, zum Hauptthema einer Wissenssoziologie gemacht zu werden« (2003a: 331f.). Über die Frage nach den Zugangschancen zu Wissen hinaus verweist diese Problemstellung auf die typologische Differenzierung von Experten und Laien und damit auf die Fragen der Entwicklung moderner Gesellschaften (als Wissens- oder Informationsgesellschaften) hin zu Expertokratien.

Eine *vierte Strukturierung* des Wissens verweist auf den sozial gebilligten Charakter des Wissens von der Lebenswelt. Wissen weist unterschiedliche Akzeptanzgrade auf, die danach variieren, ob die Wissensträger bzw. -vermittler der Eigengruppe oder einer Fremdgruppe angehören und welcher soziale Status ihnen bzw. der von ihnen bekleideten Position in einem sozialen Zusammenhang zugeschrieben wird. Die unterschiedliche soziale Geltung von Wissen verweist somit nicht nur auf die Frage nach der Akzeptanz von Legitimationsmustern, sondern ebenso auf die Frage danach, wer bzw. welche Gruppe in einem bestimmten sozialen Feld über hinreichende Deutungsmacht verfügt, die eigenen Interpretationen der sozialen Wirklichkeit durchzusetzen (1972: 100, 221, 250).[15]

Homogenität und Fraglosigkeit der Lebenswelt

Sowohl die dargestellte strukturelle Perspektivität des Wissens als auch die strukturellen Sozialisierungen des Wissens werfen insgesamt nochmals die Frage nach der Homogenität und Fraglosigkeit der Lebenswelt und des Wissens von ihr auf, die in Gestalt der unterstellten selbstverständlichen Gegebenheit der Lebenswelt den Ausgangspunkt der Überlegungen dieses Kapitels bildete.[16]

---

15 Die Bedeutung dieser Frage nach den Ratifizierungsprozessen der Deutungen sozialer Wirklichkeit haben insbes. Berger und Luckmann (1969: 98ff.) unter dem Stichwort der ›Legitimierungen‹ systematisch im Rahmen ihrer Grundlegung einer allgemeinen Theorie der Wissenssoziologie Rechnung getragen.

16 Nachfolgend wird partiell auf Überlegungen zurückgegriffen, die in

Zunächst ist für eine Beantwortung dieser Frage daran zu erinnern, dass der Lebensweltbegriff in seiner Verwendung bei Schütz eine interne Gliederung in mehrere ›geschlossene Sinnprovinzen‹ aufweist, die als wirklichkeitskonstituierende Weltzugänge immer schon eine unaufhebbare Spannung zwischen Vertrautheit und Unvertrautheit (Fremdheit) implizieren. Denn auch wenn man in natürlicher Einstellung mehr oder weniger darum weiß, dass die *eine* Lebenswelt ein plurales Gefüge unterschiedlicher Wirklichkeitsperspektiven darstellt, die jeweils von unterschiedlicher Relevanz für die eigene Lebensführung sind, so sind diese Perspektivierungen selbst jedoch keineswegs aus der Perspektive des für den Alltag, also für die Welt der natürlichen Einstellung eigentümlichen Erkenntnisstils ihrerseits vertraut. Denn für die verschiedenen Sinnprovinzen sind jeweils unterschiedliche ›Erkenntnisstile‹ konstitutiv (2003a: 207). Die Lebenswelt, die für ein Ego zu einem bestimmten Zeitpunkt nur aus der Perspektive eines für eine der Sinnprovinzen konstitutiven Erkenntnisstils zugänglich ist, erweist sich gerade als die Eine und Einzige *zugleich* als ein komplexes Feld von Wirklichkeitsperspektivierungen, die wechselseitig in einem unaufhebbaren Spannungsverhältnis von Vertrautheit und Unvertrautheit zueinander stehen. Als perspektivisches Universum ist die Lebenswelt solchermaßen durchzogen von Vertrautheits-Unvertrautheits-Spannungen, denn diese sich im Perspektivenwechsel gegenüber der »natürlichen Einstellung der ausgezeichneten Wirklichkeit des alltäglichen Lebens« zu eigen zu machen ist Schütz zufolge jeweils mit einem spezifischen »Schock« verbunden. Menschen setzen die Welt alltäglich also als vertraut voraus und innerhalb dieser Vertrautheit ist ihnen die (partielle) Unvertrautheit (›Transzendenz‹) der Welt selbst ein vertrautes Phänomen. Dieses wird als selbstverständlich hingenommen und mit ihr wird als fraglos gegeben (mehr oder weniger und graduell gestuft) routiniert umgegangen.

---

anderem Zusammenhang ausführlicher entwickelt wurden: M. Endreß, *Vertrauen*, Bielefeld: transcript 2002. Vgl. auch Ilja Srubar, »Ist die Lebenswelt ein harmloser Ort? – Zur Genese und Bedeutung des Lebensweltbegriffs«, in: Michael Wicke (Hg.), *Konfigurationen lebensweltlicher Strukturphänomene. Soziologische Varianten phänomenologisch-hermeneutischer Welterschließung*, Opladen: Leske + Budrich (1997: 43-59).

Schütz' Analyse ist damit zweistufig angelegt. Denn auch wenn die Sinnprovinzen den Alltag transzendieren, ist das Gegebensein anderer kognitiver Weltzugänge im Rahmen des für den Alltag typischen Erkenntnisstils seiner Typik nach (mehr oder weniger) bekannt. Dem Alltag ist damit das Faktum der Differenz zwischen natürlicher Einstellung und anderen Modi des Weltbezuges vertraut, also die Differenz von Alltag (ersten und zweiten Transzendenzen) und Außeralltäglichkeit (dritten Transzendenzen) ebenso wie die mit der Pluralität von Sinnprovinzen einhergehende konstitutive Perspektivität der Lebenswelt. Gegenstand des alltäglichen Modus der Transformation des Unvertrauten ins Vertraute werden dabei stets nur diejenigen Aspekte, die für das im alltäglichen Kernbereich der Lebenswelt dominierende ›pragmatische Motiv‹ zum Problem werden. Gegen einen undifferenziert gebrauchten Lebensweltbegriff ist demnach festzuhalten, dass für das Lebensweltkonzept im Rahmen der phänomenologisch fundierten verstehenden Soziologie von Schütz nicht nur deutlich ist, dass »Fraglosigkeit und Vertrautheit dieser Welt [...] keineswegs homogen« sind (2003a: 328, 2004a: 88), sondern dass die Lebenswelt selbst in mehrfacher Hinsicht unter der Spannung des Vertrauten und Unvertrauten steht.

Auch wenn Schütz also sehr unterschiedliche Auskünfte darüber erteilt, wie viele ›multiple realities‹ es gibt bzw. geben kann und welche er zu diesen zählt, es also offen bleibt, ob es unzählige Subuniversa, kulturell variierende Sets von Subuniversa oder aber nur eine strukturell begrenzte Zahl von Subuniversa gibt, so ist die Logik seiner Argumentation doch klar. Formal (phänomenologisch) gesehen ist von vielfachen, also *de facto* nicht zählbar vielen »multiple realities« auszugehen, auf der Ebene konkreter Kulturen jedoch können sich jeweils nur einige wenige Subuniversa ausbilden, so dass historisch jeweils sozio-kulturell typische Ausprägungen vorliegen.

Wie aber steht es mit der Übersetzbarkeit der kognitiven Stile geschlossener Sinnprovinzen ineinander, wenn, wie Schütz argumentiert, die »Einführung einer Transformationsformel« unmöglich ist (1984: 387)? Liegt hier eine Variante der These prinzipieller Inkommensurabilität vor (wie sie von B. Whorf, Th. Kuhn und P. Feyerabend vertreten wurde) oder lässt sich ungeachtet ihrer differenten Typik an der Vorstellung einer prinzipiellen deutungsbezogenen »Übersetzbarkeit« der kognitiven Stile der verschiedenen Sinnprovinzen ineinander festhalten?[17] Wenn nach Quine (1980: 135ff.) die »Unbestimmtheit der Übersetzung« (»indeterminacy of translation«) eine strukturelle Konsequenz des Umstandes ist, dass sich verschiedene Übersetzungsmöglichkeiten empirisch als mit demselben sprachlichen Verhalten Fremder kompatibel erweisen, dann legt sich wohl folgende Schlussfolgerung nahe. Unter Rekurs auf die von Schütz skizzierte Theorie mannigfaltiger Wirklichkeiten verliert das von Quine für seine These der prinzipiellen Unbestimmtheit der Übersetzung angeführte Argument erheblich an Gewicht, dass wir unsere jeweils eigene Sprache nicht transzendieren könnten und somit deren syntaktische und semantische Voraussetzungen im Zuge von Übersetzungsprozessen stets notwendig auf eine fremde Sprache projizierten. Denn Schütz' Problemzugriff gibt zu erkennen, dass sich in die Rede von »unserer Sprache« leicht eine Vereinheitlichung einschleicht, die deren – wie man sagen kann – ausdifferenziertem Charakter prinzipiell nicht gerecht wird. Schütz zufolge ist »Typisierung [...] jene Form der Abstraktion, die zu mehr oder weniger standardisierten, aber auch mehr oder weniger vagen Begriffsbildungen führt und daher zu der notwendigen Zweideutigkeit der Termini in der normalen Umgangssprache« (1984: 327). So kann die Theorie der mannigfaltigen Wirklichkeiten bei Schütz als Beitrag gedeutet werden, die Annahme von mit Kulturen verbundenen ›Begriffsschemata‹ (›conceptual schemes‹) – in Verlängerung der Beiträge Davidsons – einer Kritik ebenso zu unterziehen wie dieser Idee einen in sozialpragmatischer Perspektive tragfähigen Sinn abzugewinnen und an der Annahme prinzipieller Verstehensmöglichkeit in der *einen* sozialen Wirklichkeit festzuhalten.

---

17 Vgl. das von Quine formulierte ›Prinzip der Nachsichtigkeit‹ (›principle of charity‹), in ders., *Wort und Gegenstand*, Stuttgart: Reclam 1980: 115 – und dessen Erweiterung bei Davidson (vgl.: »Radikale Interpretation« sowie »Was ist eigentlich ein Begriffsschema?«, in: ders., *Wahrheit und Interpretation*, Frankfurt a. M.: Suhrkamp 1990: 183ff., bes. 197ff. und 261ff., bes.: 279ff.): Diese Erweiterung des ›principle of charity‹ bei Davidson lässt sich wohl angemessen als ›Schwellenprinzip‹ deuten, das den deutenden Zugang zu einer als fremd erscheinenden Kultur aktuell eröffnen oder dauerhaft zumindest potenziell offen halten soll.

Phänomenologisch angeregte wissenssoziologische Überlegungen zeigen also, dass die heute verbreiteten Thesen prinzipieller Heterogenität, zunehmender Pluralität und fortschreitender Inkompatibilität eher kontrastiv dazu tendieren, das Vergangene retrospektiv zu vereinheitlichen – und solchermaßen kontrapunktisch überhaupt erst ihr Profil zu erschleichen. Zu verweisen ist demgegenüber darauf, dass jeder Erfahrung ihre Transzendenz bereits immanent ist, also jede Erfahrung notwendig über sich hinaus auf anderes verweist, dass also das Phänomen des die unmittelbare Erfahrungswirklichkeit Transzendierens ein Strukturmoment jeder Erfahrung und damit strukturell kein Krisenphänomen ist. Die eigentümliche Phänomenalität von Erfahrungen besteht in ihrer prinzipiell unabschließbaren Offenheit für jeweils mitlaufende Erfahrungsgehalte. Jedwede Erfahrung ist für sich also konstitutiv unvollständig. Dieses Strukturphänomen der Appräsentation liegt dem operativen Charakter von Sinnordnungen zugrunde.

Intersubjektivität und Sozialität sind für Schütz zudem konstitutive Momente der als »ausgezeichnet« begriffenen, typisch strukturierten alltäglichen Wirkwelt. Indem er solchermaßen für den Kernbereich der Lebenswelt das Produktionsparadigma an elementaren Strukturen sozialer Objektivität bricht, kann er für seine Analyse der ›multiple realities‹ an der Vorstellung dieses pragmatischen Kerns der Alltagswelt festhalten, ohne – wie dies dann in der Ethnomethodologie geschieht – den Begriff *einer* sozialen Wirklichkeit aufzulösen in eine Reihe verschiedener Modi der Generierung von konstitutionslogisch gleichgewichtigen Sinnwelten. Im Unterschied also zur ethnomethodologischen Radikalisierung, die Intersubjektivität selbst als kontingent, als seitens der Akteure erst zu produzierend begreift, hält Schütz an der Vorstellung von Intersubjektivität und Sozialität als invarianten Strukturmerkmalen alltäglicher Wirklichkeit fest. Es ist dieser Umstand, der die Rede von *einer* sozialen Wirklichkeit legitimiert. Systematischer Ansatzpunkt hierzu ist der Aufweis der Typisierungsleistungen des Alltagsbewusstseins, die die relative Eindeutigkeit und relative Stabilität einer ›relativ-natürlichen Weltanschauung‹ begründen.

Es sind demnach die Generalisierungs- und Synthetisierungsleistungen des Appräsentierens, die die strukturell unhintergehbare Teilansichtigkeit der Welt zu *einer* sozialen Wirklichkeit zu verdichten ermöglichen – im Unterschied beispielsweise zur schizophrenen/paranoiden Irritation des Stehenbleibens bei der als endgültig erscheinenden Faktizität der Vieldeutigkeit von Teilansichten (vgl. Albersmeyer-Bingen, a.a.O. 1986: 205f.). Entsprechend als »wahnhaft« gedeutete Wirklichkeitszugänge lassen sich somit unter Bezugnahme auf eine als pragmatisch primär relevant gesetzte Weltsicht auf nur unzureichend durch sozial etablierte Normalisierungsmechanismen strukturierte Interpretationen der sozialen Wirklichkeit zurückführen. Und das heißt, ihren Grund in von alltäglich als selbstverständlich angesetzten Wirklichkeitsdeutungen abweichenden Appräsentations- und Typisierungsleistungen zu erblicken.

Methodologisch ist zudem zu ergänzen, dass die Thesen prinzipieller Verstehbarkeit auf der einen und grundsätzlichen Nicht-Verstehen-Könnens auf der anderen Seite geltungstheoretisch äquivalent sind: Beide lassen sich nicht überprüfen und implizieren somit ihre eigene Immunisierung. Argumentationsanalytisch entbehren beide damit hinreichender Validität. Plausibel erscheint demgegenüber eher eine Perspektive, die sich an pragmatisch aufweisbaren Phänomenen der Evidenz orientiert und deren den Alltag strukturierende Logik rekonstruktiv freilegt. Darin liegt die Bedeutung der Annahme *einer* bzw. einer pragmatisch *herausragenden* Wirklichkeitssphäre.

VII Elementare wissenssoziologische Typologien

Schütz hat das wissenssoziologische Profil seines Werkes nicht im Gesamtzusammenhang vorlegen können. Die zentralen Aspekte dieses Profils finden sich vorrangig in einigen kleineren wissenssoziologischen Studien sowie in eher verstreuten Bemerkungen, die sich über das Werk verteilt bis hinein in die Kompositionspartitur zum abschließend geplanten Hauptwerk über die *Strukturen der Lebenswelt* finden.

Die forschungspragmatische Relevanz des wissenssoziologischen Profils der Lebensweltanalyse von Alfred Schütz dokumentiert sich insbesondere in diesen, eher als Etüden angelegten Arbeiten über die sozialen Typen des Fremden, des Heimkehrers und des Gut-informierten Bürgers (1972: 53-101) sowie in den Untersuchungen zum Gleichheitsbegriff und zum antiken Seher Teiresias (1972: 203-255, 2003a: 249ff., 349ff.). Von den in diesen Beiträgen entwickelten typologischen Differenzierungen sollen an dieser Stelle vier vorgestellt werden: Es sind dies *erstens* die idealtypische Unterscheidung des Mannes-auf-der-Straße vom gut informierten Bürger sowie vom Experten, *zweitens* die komplementär einander zugeordneten Typen des Fremden und des Heimkehrers, *drittens* die Unterscheidung typischer Konstellationen der Wissensvermittlung bei Augenzeugen, Insidern, Analytikern und Kommentatoren sowie *viertens* die Abgrenzung der Konsolidierungsstufen des Bekanntheitswissens und Vertrautheitswissens.

Insgesamt verdankt sich jede dieser typologischen Unterscheidungen dem Generalthema von Schütz' Wissenssoziologie, dem Phänomen der strukturellen Sozialisierung des Wissens, also der sozialen Verteilung des Wissens im Allgemeinen (vgl. S. 108ff.).

(1) Die soziale Verteilung des Wissens strukturiert die Wissensträger *erstens* hinsichtlich der gesellschaftlichen Relevanz ihrer Wissensbestände. Diese Relevanz verdankt sich der je spezifischen Stellung dieser Wissensbestände zu den Systemen der auferlegten und der intrinsischen Relevanzen. Unterschieden werden hier von

Schütz die drei Idealtypen des Mannes-auf-der-Straße, des Gutinformierten Bürgers und des Experten (1972: 87f., 96f.).[1]

Für den Experten ist danach ein problemrelevantes spezialisiertes Wissen typisch, das sich als klar und deutlich hinsichtlich seines Aufbaus und seiner Präzision erweist (1972: 87, 96f.). Diese Detaillierung und fokussierte Gliederung des Expertenwissens wird dadurch möglich, dass es sich »nur in einem System von auferlegten Relevanzen« bewegt (1972: 96).

Im Unterschied dazu zeichnet den Mann-auf-der-Straße ein inkohärentes plurales Wissen aus, das Schütz als ›Rezeptwissen‹ auf den Begriff bringt (1972: 87f., 96). Für dieses Wissen typisch ist, dass es »naiv in seinen eigenen intrinsischen Relevanzen« eingeschlossen ist (ebd.).

Demgegenüber erweist sich das für den Typus des Gut-informierten-Bürgers charakteristische Wissen als vernünftig begründetes Meinungswissen auf subjektiv als relevant angesehenen Gebieten (1972: 88, 97). In diesem Sinne nimmt es eine Zwischenstellung zwischen dem Expertenwissen und dem Rezeptwissen des Mannes-auf-der-Straße ein (1972: 88). In Aufbau und Struktur ist es abhängig von hinreichend klaren eigenen, d. h. intrinsischen Relevanzen und von hinreichenden Informationen über die ihm auferlegten Relevanzen (1972: 97). Von diesem Wissenstypus ist also strukturell ein reflexives Verhältnis zu den für die eigenen pragmatischen Motive relevanten Wissensbeständen erforderlich.

Unterschieden werden diese drei Idealtypen letztlich mit Rücksicht auf die in ihnen jeweils als fraglos gegeben angesetzten Wissenszonen (1972: 89). Dieser Verweis auf das typisch als selbstverständlich angesetzte Wissen bezeichnet den Kern der für diese Typologie leitenden Fragestellung: das Problem des Umschwungs des jeweils eigenen Interesses (1972: 89). Die drei Idealtypen des Wissens verbinden sich deshalb mit strukturell ihnen zugeordneten Relevanzsystemen (1972: 96f.). Deshalb identifiziert Schütz

1 Vgl. dazu: Walter M. Sprondel, »›Experte‹ und ›Laie‹: Zur Entwicklung von Typenbegriffen in der Wissenssoziologie«, in: ders. & R. Grathoff (Hg., 1979: 140-154) und: Ronald Hitzler et al. (Hg.), *Expertenwissen. Die institutionalisierte Kompetenz zur Konstruktion von Wirklichkeit*, Opladen: Westdeutscher Verlag (1994).

mit Blick auf den Mann-auf-der-Straße eine Dominanz intrinsischer und mit Blick auf den Experten eine solche auferlegter Relevanzen, während für den Gut-informierten Bürger eine strukturelle Virtuosität im reflexiven Umgang mit beiden Typen von Relevanzsystemen herausgestellt wird.[2]

(2) Die soziale Verteilung des Wissens strukturiert den sozialen Raum *zweitens* entlang der Unterscheidung von Vertrautheit und Fremdheit. Auf der Grundlage prinzipiell gruppenbezogener und damit strukturell gruppenrelativer Weltdeutungen bzw. soziokultureller Orientierungsmuster wird diese Differenz insbesondere mit Blick auf die Typen des Fremden und des Heimkehrers anschaulich, denen Schütz jeweils gesonderte kleine Studien widmet (1972: 53-69 und 70-84).[3]

Auf Seiten des Heimkehrers[4] – für den Schütz auf die Beispiele des heimkehrenden Veteran, des Reisenden und des Remigranten verweist (1972: 71) – ist die Erwartung leitend, dass er bei seiner Rückkehr eine soziale Welt vorfindet, über die er nach wie vor »intime Erkenntnisse« besitzt und »die er nur wieder fraglos annehmen muss, um sich dort selbst wieder zurechtzufinden« (1972: 70f.). Probleme stellen sich dem Heimkehrer unmittelbar dann, wenn die »Heimat« zunächst ein unvertrautes Bild bietet (1972: 70). Und gerade dies erweist sich als die typische Situation. Denn im Kern strukturiert sich das Leben der ›in-group‹ um Face-to-face-Interaktionen, also um Beziehungen, die die Gemeinsamkeit

---

2 Hält man sich die Unterscheidung dieser drei Typen vor Augen, dann stellt sich die systematisch weiterführende Frage, ob nicht angesichts jüngerer Entwicklungstendenzen eine Erweiterung dieser Typologie um einen weiteren Typus des professionellen Wissens erforderlich ist. Vgl. etwa Michaela Pfadenhauer, *Professionalität. Eine wissenssoziologische Rekonstruktion institutionalisierter Kompetenzdarstellung*, Opladen: Leske + Budrich (2003).

3 Dazu: Bernhard Waldenfels, »Der Fremde und der Heimkehrer. Fremdheitsfiguren bei Alfred Schütz«, in: Ilja Srubar & Steven Vaitkus (Hg.), *Phänomenologie und soziale Wirklichkeit. Entwicklungen und Arbeitsweisen*, Opladen: Leske + Budrich (2003: 175-188).

4 Dazu auch: Benita Luckmann, »New School – Varianten der Rückkehr aus Exil und Emigration«, in: Ilja Srubar (Hg.), *Exil, Wissenschaft, Identität. Die Emigration deutscher Sozialwissenschaftler 1933-1945*, Frankfurt a. M.: Suhrkamp (1988: 353-378).

von Raum und Zeit zur Grundlage haben.[5] Für diese Interaktionen verfügen die Gruppenmitglieder typischerweise über ein jederzeit abrufbares Wissen von über wechselseitig geteilte Erwartungen stabilisierten Interaktionskonstellationen, d. h. es bildet sich ein Reservoir »institutionalisierte Situationen« als selbstverständlicher Interaktionsrahmen innerhalb von Gruppen aus (1972: 73-76).

Diese Typik hat sich für den Heimkehrer im Verlauf der Zeit seiner Abwesenheit mehr oder weniger gravierend verändert. Indem er aus der ›lebendigen Gegenwart‹ der ›in-group‹ heraustritt, werden bei ihm wie auch bei den Zuhause-Bleibenden ›lebendige Erfahrungen‹ durch Erinnerungen ersetzt. Was vordem »einzigartige Konstellationen« waren, »erhält nun den Charakter bloßer Typen« (1972: 76f.). Unweigerlich ziehen diese Veränderungen zugleich Veränderungen der handlungsleitenden Relevanzen nach sich (1972: 77f.). Der Heimkehrer kehrt also nicht einfach in dem Sinne heim, dass er schlicht in genau die Welt einträte, die er verließ: Eine »Wiederkehr des Selben« ereignet sich auch in der sozialen Wirklichkeit nicht und das hinter diesem Umstand stehende Problem ist das der Irreversibilität der ›inneren Zeit‹ (Bergson): »Indem es wiederkehrt, ist das Rekursive nicht mehr dasselbe« (1972: 80).

Im Unterschied zum Heimkehrer ist für die Situation des Fremden kennzeichnend, dass er die für jenen leitenden Grundannahmen einer als vertraut unterstellten Welt nicht teilt (1972: 59f., 68f.). Aus der Perspektive des Fremden, nicht aus derjenigen der ›in-group‹ argumentierend (1972: 53, 54), zeigt Schütz, dass das spezifische Problem des Fremden gerade darin besteht, dass »er ein anderes Maß für die Anonymität und Typizität der sozialen Handlungen benützt als die Mitglieder der in-group« (1972: 59ff., zusammenfassend: 67). Für das Verhältnis zwischen Fremdem und in-group ist damit eine spezifische Spannung zwischen Routine und Krise kennzeichnend: Während die etablierten Kultur- und Zivilisationsmuster für die Mitglieder der in-group selbstverständlich gelten und solchermaßen als Schutz fungieren, sind sie für den

5 Dieser Begriff ist rein formal zu verstehen, d. h. Face-to-face-Beziehungen sind nicht per definitionem Beziehungen ausgeprägter sozialer Nähe, sondern sie weisen »alle Grade von Intimität und Anonymität«, von sozialer Nähe und Distanz auf (1972: 75).

Fremden zunächst hochgradig fragwürdig und konstituieren eine problematische Situation, die es zu bewältigen gilt (1972: 67).

Als charakteristisch betrachtet Schütz deshalb zwei Grundzüge der Einstellung des Fremden gegenüber der Gruppe, der er sich annähert: Zunächst eine ›Objektivität‹, die sich seiner Erfahrung der grundsätzlichen Entwertung der eigenen vormaligen Selbstverständlichkeiten verdankt, sodann eine spezifisch zweifelbehaftete »Loyalität«, insofern ihm die Kultur- und Zivilisationsmuster der in-group primär entgegentreten »als ein Labyrinth, in welchem er allen Sinn für seine Verhältnisse verloren hat« (1972: 68f.).

Stützt sich also die Eingliederungserwartung in die soziale Wirklichkeit auf Seiten des Heimkehrers auf das Reservoir seiner Erinnerungen, so die des Fremden auf sein Potenzial an antizipatorischer Fantasie (1972: 71). Wird auf Seiten des Fremden die Begegnung mit einer unvertrauten Welt selbstverständlich erwartet, so auf Seiten des Heimkehrers gerade das Wiederentdecken einer vertrauten Welt.

Letztlich verfügt die Soziologie mit den klassischen Beiträgen von Schütz und Georg Simmel (1858-1918) über zwei gegensätzlich ansetzende Erörterungen des Fremden.[6] Während Simmel primär aus der Perspektive des Eigenen, der ›in-group‹ argumentiert, also der Gesellschaft, in die der oder die Fremde eintritt, und Fremdheit als Beziehung in der Gleichzeitigkeit von Nähe und Distanz analysiert, argumentiert Schütz eher aus der Perspektive des oder der Fremden, und zwar sowohl hinsichtlich des Typus des Emigranten, der oder die *noch nicht* vertraut ist, als auch – das bleibt vielfach unberücksichtigt – aus der Perspektive des Heimkehrers, der oder die *nicht mehr* vertraut ist.

(3) Die soziale Verteilung des Wissens strukturiert die gesellschaftlichen Wissensvorräte *drittens* nach Horizonten des fraglos Gültigen und des Fragwürdigen, also nach Plausibilitätszonen. Ausgehend von der Unterscheidung zwischen unmittelbarer und mittelbarer Erfahrung skizziert Schütz hinsichtlich der für diese

6 Vgl. für Simmel dessen »Exkurs über den Fremden«, in: ders., *Soziologie. Untersuchungen über die Formen der Vergesellschaftung* (Gesamtausgabe Bd. 11), hg. v. Otthein Rammstedt, Frankfurt a. M.: Suhrkamp 1992: 764-771.

Letztere dominierenden Form des Erfahrungserwerbs vier typische Glaubwürdigkeitskonstellationen des Entstehens sozial abgeleiteten Wissens über den Augenzeugen, den Insider, den Analytiker und den Kommentator (1972: 98f.). Auf der Grundlage der Grundidealisierung der ›Reziprozität der Perspektiven‹ (vgl. Kap. V) verdankt sich die Glaubwürdigkeit des Augenzeugenberichtes dem Umstand, dass das Geschehene sich in der Welt seiner Reichweite ereignete, diejenige des Insiders der Zurechnung des Geschehenen zu seinem System wesentlicher Relevanzen, diejenige des Analytikers der Kongruenz seines Relevanzsystems mit dem jeweiligen eigenen und schließlich diejenige des Kommentators der Transparenz seines Relevanzsystems, auch wenn dieses vom jeweils eigenen abweicht (ebd.).

(4) Die soziale Verteilung des Wissens strukturiert das individuell verfügbare Wissen *viertens* nach spezifischen Vertiefungsgraden, die ihrerseits unmittelbar auf die Unterscheidung von Relevanzzonen bzw. -graden zurückverweist (1972: 90f., vgl. oben S. 104). Im Zentrum steht hier für Schütz die Unterscheidung von Bekanntheits- und Vertrautheitswissen (1971a: 8, 16; 2004b: 187ff.).

Mittels dieser beiden Begriffe des Bekanntheits- und Vertrautheitswissens beschreibt Schütz eine qualitative Strukturierung des Wissens von der Lebenswelt in Aufnahme einer Unterscheidung von William James (2003a: 331).[7] Danach handelt es sich beim ›Bekanntheitswissen‹ (›knowledge of acquaintance‹ bzw. ›knowledge of‹) um ein Wissen des »Dass«, ein ›Wissen wovon‹ (›knowing that‹). Der Typus des »Bekanntheitswissens bezieht sich nur auf das Was und lässt das Wie unbefragt« (2003a: 331). Man könnte also von bloßem Bekanntheitswissen, also von einer lediglich oberflächlichen, wenn auch zu pragmatischen Zwecken hinreichenden Kenntnis der Zusammenhänge sprechen (1972: 55f., 2003a: 256, 331, 357f.; 2004b: 187-190, 2005: 47, 78).

Demgegenüber verweist der Typus des ›Vertrautheitswissens‹ (›knowledge about‹) auf ein Wissen des »Wie«, ein ›Wissen über‹ (›knowing how‹), und zwar im umfassenden Sinne des »Was, Wie

7 Vgl. William James, *The Principles of Psychology*, in: *The Works of William James*, Cambridge, London: Cambridge University Press 1981: Kap. VIII: 279ff.

und Warum«. Vertrautheitswissen im Sinne vertieften Wissens »bezieht sich auf jenen relativ sehr schmalen Sektor des Wissens, von dem jeder von uns gründliche, klare, bestimmte und widerspruchslose Kenntnis nicht nur des Was und Wie, sondern auch Verständnis des Warum hat« (2004a: 331). James zufolge ist es, wie Schütz rezipiert, ein Wissen, welches »ein Wissen von den Beziehungen des Gegenstandes einschließt, das heißt von den ›fringes‹ [d. h. den ›Sinnfransen‹ oder ›Sinnhorizonten‹ wie Schütz selbst übersetzt (1972: 64)] der unartikulierten Affinitäten um ihn herum« (2005: 47).[8]

Die beiden vorstehenden Kapitel bilden den Versuch, so etwas wie eine Summe des wissenssoziologischen Profils von Schütz' Werk zu skizzieren. Insgesamt sollen sie verdeutlichen, dass Schütz mit seiner Verbindung von konstitutionstheoretischer, genetischer und gesellschaftsanalytischer Perspektive die konzeptionellen Grundlagen für ein komplexes wissenssoziologisches Forschungsprogramm entwirft, ohne dass er dieses selbst noch systematisch hätte zur Ausführung bringen können. Die entsprechend Überlegungen sind deshalb aus zahlreichen thematisch relevanten Passagen seines Werkes zusammengetragen und thematisch gebündelt.

8 Neben diesen beiden zentralen Typen des Wissens unterscheidet Schütz noch die »Region, in der es genügt, dass ›man sich auf etwas verlässt‹ « und die »Zonen des vollständigen Nichtwissens« (1972: 56). Im Anschluss an den von Schütz zugrunde gelegten weiten Wissensbegriff mit seinem grundlegend pragmatischen Index ließen sich mit Schütz noch Präzisierungen hinsichtlich des Modus und der Zugänglichkeit des Wissens ergänzen: (a) Hinsichtlich des »Modus« des Wissens ist zwischen pragmatisch-implizitem und reflexiv-explizitem Wissen zu unterscheiden – mit Schütz könnte man auch von »knowledge in hand« und »knowledge at hand« sprechen (2003a: 259), und (b) hinsichtlich der »Zugänglichkeit« des Wissens schließlich ist – wiederum im Anschluss an Schütz (2003a: 356) – zwischen dem »zuhandenen« Wissen (dem Wissen in Reichweite) und dem erlangbaren Wissen (dem Wissen außerhalb der aktuellen Reichweite) zu unterscheiden.

VIII Schütz' Werk: Wirkung und Aktualität

Die strukturellen Rahmenbedingungen der Wirkung von Schütz' Werk werden durch die im ersten Kapitel geschilderten Lebensumstände einer erzwungenen Emigration gesetzt. Einer erzwungenen Emigration, die als Kollektivphänomen die produktivsten Köpfe u. a. der geistes- und sozialwissenschaftlichen Intelligenz der Weimarer Republik aus Deutschland und zahlreichen anderen Staaten Europas vertreibt. Unmittelbare Folge dieses Massenexodus ist das Abbrechen wesentlicher Traditionslinien des Denkens sowie die Notwendigkeit, für eine Neuaufnahme dieser Traditionslinien diese nach dem II. Weltkrieg in ihrer inzwischen gewandelten Gestalt in ihren ursprünglichen Entstehungskontext importieren zu müssen. Aufgrund dieser Konstellation ist das Werk von Alfred Schütz ein herausragendes Beispiel des transatlantischen Ideentransfers, der durch die im Zuge der nationalsozialistischen Herrschaft erzwungene Emigration vieler europäischer Wissenschaftler ausgelöst wird und zu einer späten Remigration dieser intellektuellen Traditionslinien über den amerikanischen »Umweg« in ihren deutschsprachigen Herkunftsraum führt.

Diese Rahmenbedingungen führen (1) zu zwei Rezeptionsphasen von Schütz' Werk, deren Erste über Schütz' Lebenszeit hinaus bis in die 1960er-Jahre hinein führt und deren Zweite mit dem Wendepunkt ab den 1960er-Jahren beginnt und einen weiteren Entwicklungsschub seit Ende der 1980er-Jahre erfährt, der inzwischen auch institutionelle Konsequenzen nach sich gezogen hat. Im Hinblick auf das Verständnis des Werkes von Schütz sind sodann (2) vier Positionen der Werkinterpretation zu unterscheiden, für die prototypisch die Namen von Thomas Luckmann, George Psathas, Richard Grathoff und Ilja Srubar stehen. Darüber hinaus werden im folgenden Hinweise auf (3) konzeptionelle und thematische Anknüpfungspunkte an Schütz' Werk gegeben sowie (4) einige Resonanzen in der aktuellen Theoriediskussion der Soziologie angesprochen.

(1) Die *zunächst* zu erörternde Unterscheidung von zwei Rezeptionsphasen mit Blick auf Schütz' Werk hat ihren Grund in der unmittelbar nach Erscheinen des *Sinnhaften Aufbaus* bedingt durch die politischen Konstellationen im deutschsprachigen Raum abbrechenden Rezeption dieses Werkes. Es blieb bei einigen wenigen Rezensionen (vgl. Kap. I), eine darüber hinaus führende Diskussion in der Disziplin blieb aus. Eine zweite Auflage des *Sinnhaften Aufbaus* wurde erst nach Schütz' Tod im Jahr 1960 publiziert; und zwar ohne den von ihm geplanten zusammenfassenden Überblick über die seitherige Entwicklung des Werkes und dessen Kontinuitätslinien.

Die zweite, nicht zuletzt durch Publikationen von Schülern wie Maurice Natanson, Peter L. Berger und Thomas Luckmann oder von an ihn anschließenden Autoren wie Harold Garfinkel,[1] Kurt H. Wolff oder Tamotsu Shibutani angestoßene Rezeptionsphase erhielt unverkennbare Anstöße durch das von Ilse Schütz maßgeblich beförderte Erscheinen der ersten drei Bände von Schütz' *Collected Papers* in den Jahren 1962, 1964 und 1966 sowie das Erscheinen einer Übersetzung des *Sinnhaften Aufbau* ins Englische im Jahr 1967. Diese Publikationen eröffneten erstmals Jahre nach dem Tod ihres Autors einen umfassenderen Blick auf sein weit verstreut publiziertes Werk.

Im amerikanischen Diskussionsraum wurde Schütz' Werk dann schnell zu einem zentralen Referenzpunkte der sich seit Ende der 1950er-Jahre zunehmend formierenden Kritik an der dominierenden Parsons-Orthodoxie in der Soziologie. Hier waren es neben den bereits angesprochenen Autoren auch die Arbeiten von Erving Goffman und Anselm Strauss, die den Blick der Profession auf konzeptionelle Alternativen lenkten.

Aufgrund der geschilderten erzwungenen Emigration erfolgte eine nachhaltige Rezeption von Schütz' Werk im deutschen Sprachraum erst gut zwei Jahrzehnte nach Ende des II. Weltkriegs über den beschriebenen ideengeschichtlichen Umweg. Von ausschlaggebender Bedeutung für diesen Entwicklungsgang waren wohl zwei Faktoren: zunächst die deutschen Übersetzungen der

1 Zur Bedeutung von Schütz' Werk für die Entwicklung der von Garfinkel inaugurierten Ethnomethodologie: Eberle (1984: 438ff.).

drei Bände von Schütz' *Collected Papers*, die ebenso Anfang der 1970er-Jahre publiziert wurden (1971a, 1971b, 1972) wie die Ausgabe der nachgelassenen Manuskripte über *Das Problem der Relevanz* von 1971, die begleitet waren von weiteren Übersetzungen englischsprachiger Publikationen, die im unmittelbaren Rekurs auf Schütz argumentierten.[2]

Einen zweiten Faktor bildeten die 1963 in einer Übersetzung von Monika Plessner publizierte *Einladung zur Soziologie* von Peter L. Berger, die konsequent entlang der Alltagserfahrung konzipiert war sowie die 1969 ebenfalls in deutscher Übersetzung von Monika Plessner erscheinende Arbeit von Peter L. Berger und Thomas Luckmann über *The Social Construction of Reality*, in der die Autoren erstmals eine Synthese zwischen Meads ›symbolischem Interaktionismus‹ und Schütz' phänomenologischer Fundierung einer Strukturanalyse der Lebenswelt vorlegen und dieser in Richtung auf eine allgemeine Wissenssoziologie und Sozialisationstheorie gesellschaftstheoretische wie empirische Relevanz geben. Die genannten Arbeiten ermöglichen insgesamt die Karriere einer qualitativen Sozialforschung, zu deren wesentlichen Anregungspolen das Werk von Schütz nach wie vor gehört.

Die seit Anfang der 1960er-Jahre in den Vereinigten Staaten beginnenden theoretischen Entwicklungen finden im deutschen Sprachraum zudem in Jürgen Habermas' 1967 erscheinendem umfangreichen Literaturbericht *Zur Logik der Sozialwissenschaften* eine erste unabhängige und systematische Rezeption. Unter dieser Überschrift erörtert Habermas die Arbeiten von Schütz, Berger und Luckmann, Winch, Cicourel, Garfinkel und Goffman sowohl vor dem Hintergrund der hermeneutisch-sprachtheoretischen Wende in der damaligen Philosophie als auch ihrer Kritik seitens der analytischen Wissenschaftstheorie und macht damit im deutschsprachigen Raum erstmals wirkmächtig auf die inter-

2 Dazu zählen u. a. die folgenden Arbeiten: Peter Winch *The Idea of a Social Science* (1958; dt. Frankfurt a. M.: Suhrkamp 1966), Aaron Cicourel *Method and Measurement in Sociology* (1964; dt. Frankfurt a. M.: Suhrkamp 1970) und *Cognitive Sociology* (1973; dt. München: List 1975) oder auch Richard J. Bernstein *Praxis and Action* (1971; dt. Fassung: Frankfurt a. M.: Suhrkamp 1975).

pretative, alltags- und sprachsoziologische Wende in der Soziologie aufmerksam.[3]

Das Spektrum der Arbeiten, die an die phänomenologische Fundierung verstehender Soziologie von Schütz anschließen, ist inzwischen breit gefächert und hat aus dem engen Kontakt mit der kognitiven Soziologie Cicourels, der Ethnomethodologie Garfinkels und den interaktionsanalytischen Ansätzen (Goffman, Strauss, Blumer) wesentliche Anregungen erfahren (vgl. Endreß & Srubar 1997). Eine weitere Intensivierung der Rezeption ist im Zuge der Publikation der Gesamtausgabe des Werkes von Alfred Schütz zu erwarten (Endreß 1999).

Die zunehmende Aufmerksamkeit auf Schütz' Werk wurde nicht zuletzt durch institutionelle Entwicklungen flankiert, die auch die weitere Auseinandersetzung mit seinem Werk befördert haben. Zu diesen Entwicklungen gehört an erster Stelle die Einrichtung des *Sozialwissenschaftlichen Archivs* an der Universität Konstanz im Jahr 1974.[4] Ein *Alfred Schutz Archive* wurde inzwi-

---

3 Diesen Anstößen folgt eine Reihe von Publikationen mit klassischen, neueren englischsprachige und systematischen Beiträgen; vgl. beispielsweise Heinz Steinert (Hg.), *Symbolische Interaktion. Arbeiten zu einer reflexiven Soziologie* (Stuttgart: Klett 1973), Walter L. Bühl (Hg.), *Verstehende Soziologie. Grundzüge und Entwicklungstendenzen* (München: List 1972), Arbeitsgruppe Bielefelder Soziologen (um Joachim Matthes & Fritz Schütze) (Hg.), *Alltagswissen, Interaktion und gesellschaftliche Wirklichkeit* (Opladen: Westdeutscher Verlag 1973) und dies.: *Kommunikative Sozialforschung* (Opladen: Westdeutscher Verlag 1976), Elmar Weingarten, Fritz Sack & Jim Schenklein (Hg.), *Ethnomethodologie* (Frankfurt a. M.: Suhrkamp 1976) und ein Sonderheft der *Kölner Zeitschrift für Soziologie und Sozialpsychologie* unter dem Titel *Materialien zur Soziologie des Alltags* (hg. v. Kurt Hammerich, Opladen: Westdeutscher Verlag 1978). Besonders zu erwähnen sind im Zusammenhang einer theoretisch-konzeptionellen Neuorientierung der Soziologie die aus Tagungen des *Sozialwissenschaftlichen Archivs Konstanz* Anfang der Siebzigerjahre hervorgegangenen Bände *Maurice Merleau-Ponty und das Problem der Struktur in den Sozialwissenschaften* (1976) und *Alfred Schütz und die Idee des Alltags in den Sozialwissenschaften* (1979, jeweils hg. v. Walter M. Sprondel & Richard Grathoff, Stuttgart: Enke).

4 Vgl. für eine Dokumentation dessen bisheriger Arbeit: M. Endreß (Hg.), *Tätigkeitsbericht 1993-1999*, Konstanz: Uni-Druck (1999).

schen von Hisashi Nasu an der *Waseda University* in Tokyo gegründet. Ebenso ist hier die 1971 erfolgte Gründung der *Society for Phenomenology and the Human Sciences* (SPHS) sowie ihres Publikationsorgans *Human Studies* (HS) in den USA zu erwähnen. In Rahmen ihrer Jahrestagungen findet seit 1995 zudem die *Alfred Schutz Memorial Lecture* statt.[5] Eine weitere institutionelle Entwicklung ist die im November 2002 auf Betreiben von Lester Embree gegründete *Organization of Phenomenological Organizations* (OPO), die als organisatorisches Dach für die Vielzahl phänomenologisch orientierter, insbesondere sozialwissenschaftlicher Organisationen weltweit fungiert.

(2) Ein mit Blick auf die Wirkung und Rezeption von Schütz' Werk *zweiter Gesichtspunkt* betrifft die Diskussion um die Interpretation und den theoretisch wie empirisch möglichen Anschluss an sein Werk im Rahmen der Soziologie. Diese Diskussion zeigt nach wie vor ein uneinheitliches Bild. Neben Arbeiten, die seine Lebensweltanalyse in der einen oder anderen Hinsicht auf eine ihrer Quellen zurückbeziehen und dabei in primär philologischer Absicht legitime Kontinuität oder aber Diskontinuität konstatieren (beispielsweise im Hinblick auf die Bedeutung von Husserl), sind für eine Deutung des mit Schütz' Werk verbundenen Forschungsprogramms vornehmlich vier Positionen auszumachen. Gemeinsam ist diesen Perspektiven das Bemühen um einen unverkürzten Zugriff auf subjektive und intersubjektive Sinnsetzungsprozesse.[6] Entwickelt Thomas Luckmann (1980, 2002) mit Schütz eine ›Proto-Soziologie‹, die die phänomenologisch aufweisbaren Lebensweltstrukturen als universelle ›Matrix‹ begreift, die der soziologischen Typenbildung als struktureller Leitfaden dient, so vertritt Richard Grathoff (1989) die Perspektive einer ›phänomenologische Soziologie‹, die die Lebenswelt als ›Milieu

5 Gehalten wurde sie bisher von Maurice Natanson, Ilja Srubar, Richard Zaner, Thomas Luckmann, Fred Kersten, George Psathas, Lester Embree, Kurt H. Wolff, Harold Garfinkel und Rosemary Rizo-Patrón.

6 Vgl. dazu auch: Grathoff, a.a.O. 1989: 58-60, 112-121 sowie Thomas S. Eberle, »Schütz' Lebensweltanalyse: Soziologie oder Protosoziologie?«, in: Angelica Bäumer & Michael Benedikt (Hg.), *Gelehrtenrepublik – Lebenswelt. Edmund Husserl und Alfred Schütz in der Krisis der phänomenologischen Bewegung*. Wien: Passagen 1993: 293-320.

welt‹ versteht, deren Sinnstrukturen sich in konkreten Phänomenen wie etwa Generationen oder Nachbarschaften aufbauen. Ein Programm, in dem sich die für Schütz unabdingbare Unterscheidung von Sozialtheorie und Gesellschaftsanalyse verwischt. Demgegenüber identifiziert George Psathas (1973) den phänomenologischen Ansatz als ein ausschließlich empirisches Programm, so dass dessen sozialtheoretische Dimension nicht mehr in den Blick tritt. Im Unterschied zu den beiden letztgenannten Anschlüssen wie auch in Abgrenzung von Luckmanns in Kontinuität mit Husserl auf der A-Sozialität der Phänomenologie bestehender Perspektive ist sodann von Ilja Srubar (1988) eine anthropologisch-pragmatische Wende für die Deutung des Werkes von Schütz bekräftigt worden.[7] Die vorliegende Einführung in Schütz' Werk ist dieser Deutungslinie verpflichtet, auch wenn sie hinsichtlich des wissenssoziologischen Profils von Schütz' Werk eigene Akzente setzt.

(3) Neben diesen werkimmanent ansetzenden und von dorther auf systematische Perspektiven zusteuernden Arbeiten ist *drittens* auf verschiedene thematische Anknüpfungspunkte hinzuweisen, die Schütz' Werk in der gegenwärtigen Fachdiskussion Aktualität verleihen.[8]

---

7 Grundlage dieser Werkdeutung sind – neben entsprechenden, bisher nur wenig beachteten Hinweisen im *Sinnhaften Aufbau* selbst (vgl. beispielsweise 2004a: 123, 178, 184, 187, 201, 202, 205f. u. ö.) – insbesondere Schütz' Fragmente über »Das Problem der Personalität in der Sozialwelt« (2003a: 33ff., 91ff.). In einem programmatischen Text aus dem Jahr 1957 formuliert Schütz, dass er sich »um eine Phänomenologie der Lebenswelt bemühe, die der Mensch in natürlicher Einstellung nicht nur denkend, sondern auch handelnd und fühlend zu bewältigen hat« (2003a: 336). Gleichwohl soll die Betonung des pragmatischen Grundzuges lediglich auf das dominierende Motiv seiner Theorieentwicklung aufmerksam machen. Denn für Schütz ist der Pragmatismus »eine Beschreibung des Stils des Alltagsdenkens« (1972: 36) – seine Verwendung von Motiven pragmatistischen Denkens zu systematischen Zwecken muss von daher als weitgehend eigenständig verstanden werden.

8 Vgl. als einführenden Überblick über aktuelle Diskussionsschwerpunkte und Rezeptionskontexte des Werkes von Schütz: M. Endreß, »Introduction: Alfred Schutz and Contemporary Social Theory and Social Research«, in: ders. et al. (Eds.) (2005: 1-15) sowie für eine knappe Orientierung über die an Schütz' Werk anschließenden empi-

Die von Schütz' eröffnete sozialwissenschaftliche Forschungsperspektive erweist ihre Fruchtbarkeit für empirische Analysen in einem breiten Spektrum soziologischer Ansätze (Ethnomethodologie, Konversationsanalyse, Wissenssoziologie, Deutungsmusteranalyse, Ethnografie) und im Rahmen einer Soziologie des Alltags in zahlreichen speziellen Bereichen soziologischer Forschung.[9] In diesen Zusammenhängen wird deutlich, dass es weniger ein spezifisches Forschungsprogramm ist, das Schütz entwickelte, als viel eher eine soziologische Perspektive, deren Fruchtbarkeit sich auf zahlreichen soziologischen Forschungsgebieten nachhaltig bewährt.

Studien zu Schütz' Theorie der pragmatischen und kommunikativen Konstruktion und Rekonstruktion der Lebenswelt (Luckmann 2002: 157ff.) und anderer sozialer Welten[10] eröffnen empirische Einblicke in die genetischen Mechanismen und widmen sich damit dem Problem der alltäglichen Sinn- und Bedeutungskonstitution, das als das zentrale methodologische Problem der Sozialwissenschaften im Allgemeinen und einer verstehenden Soziologie im Besonderen anzusehen ist.[11]

---

rischen Forschungsrichtungen in der deutschsprachigen Soziologie: M. Endreß & I. Srubar, »Sociology in Germany«, in: L. Embree et al. (Eds.), *Encyclopedia of Phenomenology*. Dordrecht, Boston, London: Kluwer (1997: 650-655). Vgl. auch: P. A. Adler et al., »Everyday Life Sociology«, *Annual Review of Sociology* (13, 1987: 217-235).

9 Vgl die Themenhefte von *Human Studies* »Ethnomethodology« (18, 1995: No. 2-3, hg. v. George Psathas) und »Ethnomethodology and Conversation Analysis« (22, 1999, No. 2-4, hg. v. George Psathas & Hisashi Nasu) sowie in der in Japan erscheinenden *Culture & Society* die Hefte »Dialogue between the Social Sciences and Phenomenological Philosophy« (1, 1999, hg. v. Hisashi Nasu & Kazuhiko Okuda) und »Constructionism« (4, 2003, hg. v. Hisashi Nasu, Masataka Katagiri & Chihaya Kusayanagi).

10 Dazu von Hubert Knoblauch (Hg.), *Kommunikative Lebenswelten. Zur Ethnographie einer geschwätzigen Gesellschaft*, Konstanz: UVK (1996); ders., »Transzendenzerfahrung und symbolische Kommunikation«, in: H. Tyrell et al. (Hg.), *Religion als Kommunikation*, Würzburg: Ergon (1998: 147-186).

11 Vgl. Ilja Srubar, »Handeln, Denken, Sprechen. Der Zusammenhang ihrer Form als genetischer Mechanismus der Lebenswelt«, in: Ulrich Wenzel et al. (Hg.), *Subjekte und Gesellschaft. Zur Konstitution von Sozialität*, Weilerswist: Velbrück (2003: 70-116).

Im Rahmen des ausgedehnten Feldes feministischer soziologischer Theorie sind Entwicklungen zu verzeichnen, die Schütz' Überlegungen zum Verhältnis von Subjektivität und Intersubjektivität auf die Frage der Machtverhältnisse zwischen den Geschlechtern ausdehnen. In diesem Sinne argumentiert Farganis unter Heranziehung der Tradition der Kritischen Theorie im Anschluss an Dorothy Smith, auf die die ersten Impulse zur Entwicklung einer feministischen Phänomenologie unter Rekurs auf das Werk von Schütz zurückgehen. In die gleiche Richtung geht der Beitrag von Lengermann und Niebrugge, die die Vernachlässigung von Machtfragen im Werk von Schütz kritisieren und zugleich einige seiner Konzepte nutzen, um ein feministisches Verständnis von Machtverhältnissen zu entwickeln.[12]

Im Kontext der allgemeinen Diskussion um Globalisierungsprozesse, Multikulturalität, transnationale Migrationen und die Integrationsprobleme multi-ethnischer Gesellschaften gewinnen Analysen an Bedeutung, die Prozesse intersubjektiven wie interkulturellen Verstehens sowie interkultureller Übersetzungsprozesse ins Zentrum der sozialwissenschaftlichen Fragestellung rücken und sie für empirische Forschungen insofern öffnen, als sie von jeder vorschnellen normativen Schließung der zugrunde liegenden Problematik Abstand nehmen. In diesem Zusammenhang ist es gerade Schütz' Theorie der Lebenswelt, ihrer Sinnstrukturen und multiplen Sinnprovinzen, die fruchtbare Konzeptualisierungen für die Analyse der strukturellen Ambivalenzen gegenwärtiger Prozesse zunehmender kommunikativer Vernetzungen und gleichzeitiger fortschreitender sozialer Differenzierungsphänomene bereitstellen. Dieses Potenzial von Schütz' Werk für die Untersuchung kommunikativer Phänomene, für die Analyse von Prozessen des Fremdver-

---

12 Vgl. Sondra Farganis, »Social Theory and Feminist Theory: The need for dialogue«, *Sociological Inquiry* 56, (1986: 50-68); Dorothy E. Smith, »A Sociology for women«, in: Julia A. Sherman & Evelyn T. Beck (Eds.), *The Prism of Sex: Essays in the Sociology of Knowledge*, Madison: University of Wisconsin Press (1979: 135-187); Patricia M. Lengermann & Jill Niebrugge, »Intersubjectivity and Domination: A feminist investigation of the sociology of Alfred Schutz«, *Sociological Theory* 13, (1995: 25-36).

stehens, für interkulturelle Vergleiche und Übersetzungsprozesse wird in verschiedenen Studien erörtert.[13]

(4) Ohne eine zirkuläre Entwicklungskonzeption im Rahmen der Ideengeschichte vertreten zu müssen, ist zudem *viertens* zu beobachten, dass es gerade die Ausgangslage des *Sinnhaften Aufbaus* ist, die dem dort entwickelten Ansatz gegenwärtig ebenso unverminderte wie neue Aktualität verleiht: Schütz' Absage an ökonomische Handlungsbegriffe, die Akteuren von außen Orientierungen in typischer Form zuschreiben, und seine Gegenposition, die pragmatische Motivierungen mit Intentionalität in der Konzeption der Sinnkonstitutionstheorie verbindet, erhält vor dem Hintergrund der aktuellen Karriere z. B. spiel- und entscheidungstheoretischer Konzeptualisierungen des Gegenstandsbereichs der Soziologie neues Gewicht.

In der soziologischen Theoriediskussion bildet Alfred Schütz insgesamt den klassischen Bezugsautor für die seit Ende der 1960er-, Anfang der 1970er-Jahre einsetzende handlungstheoretische Wende. Diesen Status verdankt sein Werk gerade dem doppelten Umstand, zunächst als Anreger im kleinen Kreis fungiert und dann als fortwährender Referenzpunkt denjenigen Autoren gedient zu haben und zu dienen, die sich gegenüber der dominierenden Stellung von Parsons' strukturfunktionalistischem Ansatz in den 1950er- und 1960er-Jahren und gegenüber aktuellen systemtheoretischen Ansätzen um eine konzeptionelle Alternative für das Forschungsanliegen der Soziologie in Form einer verstehenden oder interpretativen Analyse bemühen.

Im Anschluss an die in den 1980er- und 1990er-Jahren dominierende Orientierung am Kommunikationsbegriff erschließen zentrale Theorieansätze der Soziologie ihren Gegenstandsbereich gegenwärtig erneut über eine Konzeption von (sozialem) Han-

13 Dazu: Elke M. Geenen, *Soziologie des Fremden. Ein gesellschaftstheoretischer Entwurf*, Opladen: Leske + Budrich (2002: 54ff., 245ff.); Joachim Renn, »Die Übersetzung der modernen Gesellschaft. Das Problem der Einheit der Gesellschaft und die Pragmatik des Übersetzens«, sowie Ilja Srubar, »Strukturen des Übersetzens und interkultureller Vergleich«, jeweils in: J. Renn et al. (Hg.), *Übersetzungen als Medium des Kulturverstehens und sozialer Integration*, Frankfurt a. M., New York: Campus 2002: 183-214, 323-345.

deln. Das gilt neben der phänomenologisch fundierten verstehenden Soziologie für so verschiedenartige Beiträge wie die Rational Choice-Ansätze, für strukturierungstheoretische Ansätze, und für Varianten des Neofunktionalismus. In mehr oder weniger ausgearbeiteter Form schließen sich diese Ansätze entweder direkt an das Werk von Schütz an (Thomas Luckmann, Anthony Giddens) oder aber sie suchen die eigene theoretische Perspektive über eine Auseinandersetzung mit dessen Werk zu profilieren (Hartmut Esser, Pierre Bourdieu, Jeffrey Alexander). Der handlungsanalytischen Perspektive von Schütz kommt somit ein ansatzübergreifendes Anregungspotenzial zu. In der jüngeren theoretischen Diskussion ist es zudem wiederum Habermas gewesen, der mit der für seine Theorie grundlegenden Lebenswelt-System-Differenz einen phänomenologisch besetzten Begriff ins Zentrum rückt.

In Schütz' Analyse der vielfältigen Wirklichkeiten stellt die pragmatische Orientierung das vorrangige Charakteristikum der Alltagswelt dar (vgl. z. B. 2003a: 207; 2003b: 181). Es ist, wie Schütz betont, »das pragmatische Motiv [...], das den Einzelmenschen in seinen Bemühungen, mit der Welt in seiner Reichweite) zurechtzukommen, leitet« (2003b: 148). Wirkhandlungen bilden für Schütz die Grundlage jedweder Kommunikation: »Um mit anderen zu kommunizieren, muß ich offene Handlungen in der Außenwelt vollziehen, die von den anderen als Zeichen dessen interpretiert werden sollen, was ich übermitteln will. Gestikulieren, Sprechen, Schreiben usw. sind auf Körperbewegungen gegründet« (2003a: 194).

Gleichwohl arbeitet die theoretische Soziologie bis heute und ohne befriedigenden Abschluss an der Einheit von Handlungs- und Gesellschaftstheorie. Der Ansatz von Schütz wird in dieser Diskussion durchaus gewürdigt und zur Ausarbeitung eigener Perspektiven kontrastiv herangezogen (so beispielsweise bei Jürgen Habermas, Pierre Bourdieu, Niklas Luhmann, Hartmut Esser), was allein schon für das Potenzial seines Werkes als eines konstruktiven Brückenschlages und konzeptionsübergreifenden Anregungsreservoirs spricht. Dazu gehört Schütz' Version des für die moderne Gesellschaftstheorie zentralen Differenzierungsmotivs. Bei ihm findet sich eine Akzentuierung der kognitiven Dimension, die die Verteilung, Differenzierung und Spezialisierung des

Wissens zum Gegenstand hat. Im Unterschied zur durchaus geläufigen Einschätzung, dass Schütz' Beharren gegenüber Parsons, dass der Ausgang einer Handlungstheorie bei einem ›hermeneutischen‹ Zugang zu generalisierten wie spezifischen Akteursperspektiven führt, eine Unterschätzung sozialer Komplexität gerade moderner ausdifferenzierter Gesellschaften gleichkomme,[14] ist dabei festzuhalten, dass solche Zuordnungen von einer Lesart von Schütz' Theorie ausgehen, die diese auf ihre subjektiv-bewusstseinsanalytischen Momente festlegen und einengen will. Der pragmatische Grundzug von Schütz' Werk jedoch, der bereits im *Sinnhaften Aufbau* explizit wird, macht demgegenüber deutlich, dass Schütz' Einsicht in die Notwendigkeit einer pragmatischen Theorie der Kommunikation einen Weg beschreitet, der über die Berücksichtigung der inter- und transsubjektiven Konstitution von Sinn die Brücke zwischen unmittelbarer Interaktion und komplexeren institutionellen Formen der Handlungskoordination zu schlagen vermag. In diesem Sinne stellt Schütz' Theorie nach wie vor überraschende Ergebnisse in Aussicht.

Neben diesen Bezügen verleihen zwei weitere Tendenzen in der aktuellen Theoriediskussion dem Werk von Schütz systematische Bedeutung: Erstens (a) die gegenwärtige Renaissance von Autoren des klassischen angelsächsischen Pragmatismus (Charles S. Peirce, William James, George Herbert Mead, John Dewey) mit ihren Ausstrahlungen auf aktuelle philosophische Positionen (Richard Rorty, Hilary Putnam, Robert Brandom) und verschiedene philosophische Forschungsbereiche (z. B. Sprach- oder Wissenschaftsphilosophie). Zweitens (b) ist es ein genereller geistesgeschichtlicher Aspekt, der die besondere Aktualität von Schütz' Ansatz in handlungstheoretischer Perspektive unterstreicht: Wenn man in Übereinstimmung mit philosophischen Entwicklungen im 20. Jahrhundert von einer zunehmenden Bedeutung oder gar Priorität der

14 U. a. in diesem Sinne wird beispielsweise bei Habermas der analytische Dualismus zwischen »System« und »Lebenswelt« begründet, vgl. ders., *Theorie des kommunikativen Handelns*, Frankfurt a. M.: Suhrkamp 1981. In ähnlicher Richtung auch Bourdieus Subjektivismus-Vorwurf an die phänomenologische Traditionslinie soziologischen Denkens, vgl. z. B. ders., *Sozialer Sinn. Kritik der theoretischen Vernunft*, Frankfurt a. M.: Suhrkamp (1987: 86f.).

Zeitdimension für ein Verständnis sozialer Phänomene in der fortgeschrittenen Moderne ausgeht, dann ergibt sich die Relevanz von Schütz' Überlegungen aus dem Umstand ihrer konstitutiven Bezugnahme auf die zeitliche Dimension des Handlungs- und Sinnverständnisses. Denn, wie dargelegt, konzeptualisiert Schütz nicht nur das »Sinnproblem [als] ein Zeitproblem« (2004a: 93, vgl. 127f.), sondern auch die Exposition seiner Handlungsbegrifflichkeit ist ohne zeittheoretische Reflexionen nicht denkbar.[15]

Insgesamt veranschaulichen diese wenigen Hinweise die Fruchtbarkeit der von Schütz entwickelten Perspektiven für die Soziologie und über diesen disziplinären Kontext hinaus.

15 Hier ergeben sich Verbindungen zu Anthony Giddens' Raum-Zeit-Analytik zum Verständnis moderner Gesellschaften, vgl. Giddens, *Die Konstitution der Gesellschaft*, Frankfurt a. M., New York: Campus 1988.

Literatur

I Schriften von Alfred Schütz

Die Schriften von Schütz erscheinen derzeit in der ›Alfred Schütz Werkausgabe‹ (ASW), vgl. www.uvk.de/asw. Für ein vollständiges Werkverzeichnis vgl. Martin Endreß, Bibliographie zur Alfred Schütz Werkausgabe, in: *ASW,* Bd. II. 455-474. Ein kontinuierlich aktualisiertes Verzeichnis der Sekundärliteratur zu Schütz' Werk ist abrufbar auf der Homepage des Alfred Schütz Archivs der Waseda University, Tokyo unter www.littera.waseda.ac.jp/schutz/32-59.html

(1962) *Collected Papers.* Vol. I: The Problem of Social Reality. Ed. by Maurice Natanson. The Hague: Nijhoff

(1964) *Collected Papers.* Vo. II: Studies in Social Theory. Ed. by Arvid Brodersen. The Hague: Nijhoff

(1966) *Collected Papers.* Vol. III: Studies in Phenomenological Philosophy. Ed. by Ilse Schutz. The Hague: Nijhoff

(1971a) *Gesammelte Aufsätze.* Bd. I: *Das Problem der sozialen Wirklichkeit.* Hg. v. Maurice Natanson. Den Haag: Nijhoff

(1971b) *Gesammelte Aufsätze.* Bd. III: *Studien zur phänomenologischen Philosophie.* Hg. v. Ilse Schütz. Den Haag: Nijhoff

(1972) *Gesammelte Aufsätze.* Bd. II: *Studien zur soziologischen Theorie.* Hg. v. Arvid Brodersen. Den Haag: Nijhoff

(1977) mit Talcott Parsons, *Zur Theorie sozialen Handelns. Ein Briefwechsel.* Hg. u. eingel. v. Walter M. Sprondel. Frankfurt a. M.: Suhrkamp

(1981) *Theorie der Lebensformen. Frühe Manuskripte aus der Bergson-Periode.* Hg. u. eingel. v. Ilja Srubar. Frankfurt a. M.: Suhrkamp

(1984) Die Notizbücher. In: ders. und Thomas Luckmann, *Strukturen der Lebenswelt II.* Frankfurt a. M.: Suhrkamp [3]1994, S. 213-406

(1985) mit Aron Gurwitsch, *Briefwechsel 1939-1959.* Hg. v. Richard Grathoff, eingel. v. Ludwig Landgrebe. München: Fink

(1996) *Collected Papers.* Volume IV. Ed. by Fred Kersten et al. Dordrecht, Boston, Lancaster: Kluwer

(2003a) *Alfred Schütz Werkausgabe* Bd. V.1: *Theorie der Lebenswelt 1. Zur pragmatischen Schichtung der Lebenswelt.* Hg. v. Martin Endreß & Ilja Srubar. Konstanz: UVK

(2003b) *Alfred Schütz Werkausgabe* Bd. V.2: *Theorie der Lebenswelt 2. Zur kommunikativen Ordnung der Lebenswelt.* Hg. v. Hubert Knoblauch, Ronald Kurt & Hans-Georg Soeffner. Konstanz: UVK

(2003c) mit Thomas Luckmann, *Strukturen der Lebenswelt.* Konstanz: UVK (bearb. Neuausgabe)

(2004a) *Alfred Schütz Werkausgabe* Bd. II: *Der sinnhafte Aufbau der sozialen Welt. Eine Einleitung in die verstehende Soziologie.* Hg. v. Martin Endreß & Joachim Renn. Konstanz: UVK

(2004b) *Alfred Schütz Werkausgabe* Bd. VI.1: *Relevanz und Handeln 1. Zur Phänomenologie des Alltagswissens.* Hg. v. Elisabeth List unter Mitarbeit von Cordula Schmeja-Herzog. Konstanz: UVK

(2004c) mit Eric Voegelin, *Eine Freundschaft, die ein Leben lang gehalten hat. Briefwechsel 1938-1959.* Hg. u. eingel. v. Gerhard Wagner & Gilbert Weiss. Konstanz: UVK

(2005) *Alfred Schütz Werkausgabe* Bd. III.2: *Philosophisch-phänomenologische Schriften 2: Studien zu Scheler, James und Sartre.* Hg. v. Hansfried Kellner & Joachim Renn. Konstanz: UVK

(2006) *Alfred Schütz Werkausgabe* Bd. I: *Sinn und Zeit. Frühe Wiener Arbeiten und Entwürfe.* Hg. von Matthias Michailow. Konstanz: UVK

Sekundärliteratur

Barber, Michael D. (2004), *The Participating Citzen. A Biography of Alfred Schutz.* Albany, NY: SUNY Press (Biografie, die insbes. die persönlichen Lebensverhältnisse von Schütz sowie sein außer- und innerakademisches Berufsleben ins Zentrum stellt)

Berger, Peter L. & Luckmann, Thomas (1969), *Die gesellschaftliche Konstruktion der Wirklichkeit. Eine Theorie der Wissenssoziologie.* Frankfurt a. M.: Fischer (Grundlegung eines im Anschluss an Schütz erweiterten Profils der Wissenssoziologie)

Eberle, Thomas S. (1984), *Sinnkonstitution in Alltag und Wissenschaft. Der Beitrag der Phänomenologie an die Methodologie der Sozialwissenschaften.* Bern, Stuttgart: Haupt (detaillierte Behandlung der methodologischen Überlegungen von Schütz und ihrer Rezeption insbes. in der Ethnomethodologie)

Eberle, Thomas S. (2000), *Lebensweltanalyse und Handlungstheorie. Beiträge zur Verstehenden Soziologie.* Konstanz: UVK (Aufsätze zu verschiedenen grundlagentheoretischen Fragestellungen von Schütz' Werk, u.a. zu dessen Rezeption im Rahmen der Rational-Choice-Theorie)

Embree, Lester (Ed.) (1988), *Worldly Phenomenology. The Continuing*

Influence of Alfred Schutz on North American Human Science. Washington, D.C.: CARP & UPA (Aufsätze zu Resonanzen von Schütz' Werk im Rahmen der US-amerikanischen Diskussionen in verschiedenen sozialwissenschaftlichen Disziplinen; bietet zudem eine Zusammenstellung der englischsprachigen Sekundärliteratur bis 1987)

Embree, Lester (Ed.) (1998), *Alfred Schutz's ›Sociological Aspects of Literature‹. Construction and Complementary Essays.* Dordrecht, Boston, London: Kluwer (Rekonstruktion von Schütz' literatursoziologischen Beiträgen und Aufsätze zu einigen Aspekten dieses Teils seines Werkes)

Embree, Lester (Ed.) (1999), *Schutzian Social Science.* Dordrecht, Boston, London: Kluwer (Rekonstruktion von Schütz' Studien im Rahmen des *Institute on Ethics* und Aufsätze zur Bedeutung der politischen und ökonomischen Dimensionen seines Werkes)

Endreß, Martin (1999), Die Alfred Schütz Werkausgabe: Konzeption und editorisches Profil. In: *Jahrbuch für Soziologiegeschichte 1995*, S. 281-310 (Orientierung über Aufbau und zu erwartende werkgeschichtliche sowie systematische Erträge der deutschsprachigen Werkausgabe)

Endreß, Martin (2006), Alfred Schütz (1899-1959). In: Dirk Kaesler (Hg.), *Klassiker der Soziologie.* München: Beck 5. aktual. Aufl., Bd. I, S. 338-357 (kurze Gesamtorientierung über Biografie und thematische Schwerpunkte von Schütz' Werk)

Endreß, Martin, Psathas, George & Nasu, Hisashi (Eds.) (2005), *Explorations of the Life-World. Continuing Dialogues with Alfred Schutz.* Dordrecht: Springer (Beiträge zu verschiedenen Werkaspekten, die auf Tagungen anlässlich des 100. Geburtstages von Schütz gehalten wurden)

Endreß, Martin & Renn, Joachim (2004), Einleitung der Herausgeber. In: *Alfred Schütz Werkausgabe.* Konstanz: UVK, Bd. II, S. 7-66 (systematische Orientierung über die Entstehungskontexte, Fragestellungen und konzeptionellen Probleme von Schütz' Hauptwerk von 1932)

Esser, Hartmut (1991), *Alltagshandeln und Verstehen. Zum Verhältnis von erklärender und verstehender Soziologie am Beispiel von Alfred Schütz und ›Rational Choice‹.* Tübingen: Mohr (Interpretation von Schütz' Handlungstheorie aus der Perspektive einer Rational-Choice-Theorie)

Grathoff, Richard (1989), *Milieu und Lebenswelt. Einführung in die phänomenologische Soziologe und die sozialphänomenologische Forschung.* Frankfurt a. M.: Suhrkamp (Aufsätze zu thematischen Schwerpunkten von Schütz' Werk sowie eine Zusammenstellung bes. der deutschsprachigen Sekundärliteratur)

Grathoff, Richard & Waldenfels, Bernhard (Hg.) (1983), *Sozialität und Intersubjektivität. Phänomenologische Perspektiven der Sozialwissenschaften im Umkreis von Aron Gurwitsch und Alfred Schütz.* München: Fink (Beiträge, die verschiedene gemeinsame Fragestellungen in den Arbei-

ten von Schütz und Gurwitsch in vergleichender Perspektive behandeln)
Hanke, Michael (2002), *Alfred Schütz. Einführung.* Wien: Passagen (knappe Einführung in Schütz' Werk)
Helling, Ingeborg (1988), Strömungen des methodologischen Individualismus: Alfred Schütz, Felix Kaufmann und der Mises-Kreis. In: Josef Langer (Hg.), *Geschichte der österreichischen Soziologie.* Wien: Böhlau, S. 185-201. (Schilderung einiger für Schütz' Werk relevanter konzeptioneller Weichenstellungen im Wiener Vorkriegsmilieu)
Herzog, Max & Graumann, Carl Friedrich (Hg.) (1991), *Sinn und Erfahrung. Phänomenologische Methoden in den Humanwissenschaften.* Heidelberg: Asanger (Aufsätze zur Rezeption der phänomenologischen Philosophie und ihrer methodischen Umsetzung im Rahmen von Psychologie und Soziologie)
List, Elisabeth & Srubar, Ilja (Hg.) (1988), *Alfred Schütz. Neue Beiträge zur Rezeption seines Werkes.* Amsterdam: Rodopi (Aufsätze zur Auseinandersetzung mit methodologischen Aspekten von Schütz' Werk sowie mit Aspekten seiner Theorie der Lebenswelt)
Luckmann, Thomas (1980), *Lebenswelt und Gesellschaft. Grundstrukturen und geschichtliche Wandlungen.* Paderborn, München, Wien, Zürich: Schöningh (Aufsätze, die methodologische Grundlagen sowie Fragen der persönlichen Identitätsbildung und der Rationalisierung im Anschluss an Schütz' Grundlegung behandeln)
Luckmann, Thomas (2002), *Wissen und Gesellschaft. Ausgewählte Aufsätze 1981-2002.* Konstanz: UVK (Aufsätze zur theoretischen und konzeptionellen Weiterführung von Schütz' Ansatz insbes. mit Blick auf handlungstheoretische sowie religions- und wissenssoziologische Fragestellungen)
Natanson, Maurice (1986), *Anonymity. A Study in the Philosophy of Alfred Schutz.* Bloomington: Indiana University Press (Untersuchung zum systematischen Ansatz von Schütz' Deutung sozialer Wirklichkeit im Ausgang von seinem Verständnis der Phänomene Anonymität und Anonymisierung).
Natanson, Maurice (Ed.) (1970), *Phenomenology and Social Reality. Essays in Memory of Alfred Schutz.* The Hague: Nijhoff (Aufsätze von mit Schütz eng verbundenen Kollegen, die im unmittelbaren Anschluss an grundlagentheoretische Aspekte seines Werkes sozialwissenschaftliche Fragestellungen behandeln)
Psathas, George (Ed.) (1973), *Phenomenological Sociology. Issues and Applications.* New York, London, Sydney, Toronto: John Wiley & Sons (Beiträge, die Schütz' Lebensweltanalyse als empirisches Projekt deuten und deren Instrumentarium auf verschiedene Untersuchungsgegenstände anwenden)

Rutkoff, Peter M. & Scott, William B. (1986), *New School. A History of the New School for Social Research.* New York, London: Free Press, bes. S. 196ff. (Geschichte der akademischen Institution, an der Schütz von 1944 bis kurz vor seinem Tod lehrte)

Sprondel, Walter M. & Grathoff, Richard (Hg.) (1979), *Alfred Schütz und die Idee des Alltags in den Sozialwissenschaften.* Stuttgart: Enke (Aufsätze zur Relevanz phänomenologischer Perspektiven in den Sozialwissenschaften und insbes. in der Soziologie)

Srubar, Ilja (1988), *Kosmion. Die Genese der pragmatischen Lebensweltheorie von Alfred Schütz und ihr anthropologischer Hintergrund.* Frankfurt a. M.: Suhrkamp (umfassende Rekonstruktion des pragmatischen Grundzuges des Werkes von Schütz)

Wagner, Helmut R. (1983), *Alfred Schutz. An Intellectual Biography.* Chicago, London: University of Chicago Press (Biografie, die den Schwerpunkt auf die intellektuellen Einflusslinien auf Schütz' Werk legt)

Williame, Robert (1973), *Les Fondements Phénoménologiques de la Sociologie Compréhensive, Alfred Schutz et Max Weber.* La Haye: Nijhoff (systematische Diskussion der Beiträge von Weber und Schütz zur Grundlegung der verstehenden Soziologie und des Fundierungsanliegens von Schütz)

Wolff, Kurt H. (Ed.) (1984), *Alfred Schutz. Appraisals and Developments.* Dordrecht, Boston, Lancaster: Nijhoff (Aufsätze zu methodologischen und wissenssoziologischen Aspekten von Schütz' Werk)

Zeittafel

1899 Alfred Schütz wird am 13. April in Wien geboren. Sein leiblicher Vater, Alfred Schütz (geb. am 10. Februar 1873), stirbt noch vor der Geburt des Sohnes am 19. Januar. Schütz' Mutter, Johanna (geb. Fialla, am 19. November 1873), heiratet zwei Jahre später den jüngeren Bruder ihres Mannes, Otto Schütz (geb. am 13. Mai 1874), Prokurist bei einer Wiener Privatbank. In dieser Familie wächst Alfred als einziges Kind auf.

1904 Für ein Jahr privater Besuch der Religionsschule der *Israelitischen Kultusgemeinde* in Wien. Ab November Besuch der Kaiser Franz Josef-Knabenvolksschule in Aussee.

1905 Ab 14. September Besuch der Allgemeinen Volksschule der Stadt Wien für Knaben bis zum 5. Juli 1909.

1909 Ab Herbst Besuch des k.u.k. Staats-Gymnasiums in Wien.

1917 Am 5. März Erteilung des »Reifezeugnisses« als »zum Besuche einer Universität für reif mit Auszeichnung« befunden (»Notmatura«). Im März Eintritt in den Freiwilligendienst des k.u.k.-Heeres, Einberufung Anfang 1918. Alfred Schütz absolviert bis zum November 1918 zehn Monate Militärdienst als Fähnrich bei einem Artillerieregiment.

1918 Am 20. November Beginn des Studiums an der rechts- und staatswissenschaftlichen Fakultät der *Universität Wien*. Mit Datum vom 6. Dezember 1918 werden Schütz das Wintersemester 1917/18 und das Sommersemester 1918 als »Kriegssemester« für seinen ersten Studienabschnitt angerechnet. Zu Schütz' Lehrern gehören Hans Kelsen, Friedrich von Wieser, Othmar Spann sowie ab 1921 auch Felix Kaufmann und Ludwig von Mises.

1919 Am 30. April absolviert Schütz seine rechtshistorische Staatsprüfung »mit gutem Erfolge«. Studienbegleitend besucht Schütz für ein Jahr die *Wiener Akademie für Internationalen Handel.*

1921 Am 21./22. Juni absolviert Schütz die judizielle Staatsprüfung sowie das judizielle Rigorosum, am 27./28. Oktober besteht er die staatswissenschaftliche Staatsprüfung sowie das staatswissenschaftliche Rigorosum zur Erlangung der juristischen Doktorwürde. Promotion zum Dr. iur. am 21. Dezember. Erste Anstellung im September als Sekretär bei der »Bankvereinigung« in Wien. Parallel zu seiner beruflichen Arbeit Besuch von Vorlesungen bis zum Wintersemester 1922/23. Beginn von Schütz' sog. »Doppelleben« – tagsüber als Bankkaufmann, abends als Gelehrter. Teilnahme am Privatseminar von Ludwig von Mises und am sog. »Geist-Kreis«. Aus diesem Engagement resultieren lebenslange freundschaftliche Verbindungen insbes. zu Felix Kaufmann, Eric Voegelin, Friedrich August von Hajek, Fritz Machlup, Gottfried Haberler und Emanuel Winternitz.

1923 Adoption von Alfred durch Otto Schütz in Wien am 17. Oktober.

1924 Schütz übernimmt die Leitung der Rechtsabteilung des Wiener Bankhauses »Kompaß. Allgemeine Kredit- und Garantiebank« bis 1927. Erste Frühschriften unter Einfluss von Max Weber und Henri Bergson. In den Jahren von 1924 bis 1936 regelmäßige dienstliche Reisen in die Tschechoslowakei, die Niederlande, nach Ungarn, Frankreich, Italien und Deutschland.

1926 Am 28. März Heirat mit Ilse Heim (geb. am 10. Februar 1902), Tochter von Leopold Heim (geb. 1871 in Zagreb) und Gisela Heim (geb. Frankl, 1876 in Wien).

1927 Beruflich wechselt Schütz im September als Prokurist zum Wiener Bankhaus »Reitler & Co.«. Ab 1931 ist er für dieses Institut sowohl in Wien als auch in Paris tätig.

1928 Studium der Philosophie Edmund Husserls aufgrund der Lektüre von dessen Arbeiten *Zur Phänomenologie des inneren Zeitbewußtseins*, *Ideen I* und *Formale und transzendentale Logik*.

1929 Beginn der Ausarbeitung des ersten Buches: *Der sinnhafte Aufbau der sozialen Welt*.

1930 Alfred und Ilse Schütz beziehen ihre erste eigene Wohnung in Wien, Laudongasse 44.

1932 *Der sinnhafte Aufbau der sozialen Welt* erscheint beim Verlag Julius Springer in Wien. Ein Exemplar schickt Schütz am 26. April Husserl. Daraufhin erster Kontakt mit Husserl in Freiburg, der zum intensiven Austausch mit ihm und seinem Kreis führt.

1933 Am 22. Mai Geburt der Tochter Eva Elisabeth (gen. Evelyn).

1935 Am 7. Mai hält Husserl in Wien einen Vortrag über »Die Philosophie in der Krisis der europäischen Menschheit«. Bei dieser Gelegenheit ist er mit seiner Frau zu Gast im Hause Schütz. Auf Anraten Husserls trifft Schütz in Paris erstmals Aron Gurwitsch. Über den 14./15. November reist Schütz mit seiner Frau und Felix Kaufmann nach Prag, um Husserls dortige Vorträge über »Die Krisis der europäischen Menschheit« zu hören.

1936 Im Sommer erste Ausarbeitungen zu einer Arbeit über »Das Problem der Personalität in der Sozialwelt«. Insgesamt verbringt Schütz sechseinhalb Monate geschäftlich bedingt im Ausland.

1937 März-Juni: Geschäftsreise in USA, die die Verlegung des Bankhauses »Reitler & Co.« dorthin vorbereiten soll. Im Zuge dieser Reise lernt Schütz u. a. Marvin Farber kennen. Juli/August: Ausarbeitung einiger Abschnitte der geplanten Arbeit über »Das Problem der Personalität in der Sozialwelt«. Am 21. Dezember besucht Schütz letztmalig den bereits bettlägrigen Husserl.

1938 Am 23. Februar Geburt des Sohnes Franz Georg (gen. George). Während des deutschen Einmarsches im März und des »Anschlusses« Österreichs an das »Dritte Reich« am 11. März befindet sich Schütz geschäftlich in Paris. Alice und Aron Gurwitsch wie auch seine Frau legen ihm nahe, in Frankreich zu bleiben. Schütz' Frau Ilse kommt, nachdem Ende Mai ihre legale Emigration bewilligt wird, mit den beiden Kindern Mitte Juni ebenfalls nach Paris. Beginn der lebenslangen Freundschaft mit Aron Gurwitsch. Am 26. April stirbt Husserl.

1939 Am 14. Juli geht Familie Schütz an Bord des Schiffes »Nieuw Amsterdam« nach New York, wo sie am 22. Juli ankommt. Schütz ist weiterhin für das Bankhaus »Reitler & Co.« tätig. Im Dezember Beteiligung an der Gründung der *International Phenomenological Society*. Schütz wird Mitglied ihres »Council«.

1940 Am 13. April referiert Schütz vor dem »Faculty Club« der *Harvard University* in Anwesenheit von Talcott Parsons und Joseph A. Schumpeter über »The Problem of Rationality in the Social World«. Schütz wird Mitglied des »Editorial Board« der Zeitschrift *Philosophy and Phenomenological Research*. Im Husserl-Memorial-Band erscheint sein erster Aufsatz in englischer Sprache: »Phenomenology and the Social Sciences«. Auf der Jahrestagung der »Eastern Division of the American Philosophical Association« (APA) an der *University of Pennsylvania* referiert Schütz am 27. Dezember über »William James' Concept of the Stream of Thought Phenomenologically Interpreted«. Schütz wird zum Mitglied der APA gewählt, ebenso wird er Mitglied der »American Sociological Association« (ASA).

1941 Von Januar bis Ende April kurzer, unvermittelt abbrechender Briefwechsel mit Talcott Parsons über Schütz' Abhandlung zu dessen Arbeit *The Structure of Social Action*. Im *Journal of Philosophy* (Vol. 38: 301-306) erscheint von Ernest Nagel eine Rezension des Husserl-Memorial-Bandes mit sehr kritischen Bemerkungen über Schütz' Beitrag »Phenomenology and the Social Sciences«.

1942 Schütz' Adoptivvater Otto Schütz stirbt nur wenige Monate nach seiner Emigration am 18. Mai in New York. Im August stellt Schütz seinen Aufsatz über den »Fremden« fertig.

1943 Mit dem »Spring Term« nimmt Schütz seine Lehrtätigkeit an der *New School for Social Research* in New York auf. Als »Lecturer« für Soziologie bietet er bis zum »Fall Term 1948« jeweils eine Veranstaltung pro Semester an. Ab April erstellt Schütz als »Senior Consultant« beim *U. S. Office of Economic Warfare* (später: *Foreign Economic Administration*) Gutachten über den Finanz- und Versicherungssektor in Deutschland und Österreich. Sein erstes Gutachten stellt er Anfang Oktober fertig.

1944 Schütz wird »Visiting Professor« an der *New School*. Im Sommer schließt die Arbeit »On Multiple Realities« ab und verfasst die Skizze »Fragments toward a Phenomenology of Music«. Am 29. November Erhalt der amerikanischen Staatsbürgerschaft. Am 6. Dezember referiert Schütz vor dem »General Seminar« der *New School* über den »Heimkehrer«.

1945 Schütz' erster Aufsatz im Publikationsorgan der *New School*, der Zeitschrift *Social Research* erscheint: »Some Leading Concepts of Phenomenology«. Im Sommer Ausarbeitung eines Manuskripts »On Choice and Decision«, aus dem die Abhandlung »Choosing Among Projects of Action« hervorgeht.

1946 Am 20. März referiert Schütz vor dem »General Seminar« der *New School* über den »Gut informierten Bürger«. September/Oktober erste Geschäftsreise nach Europa nach Kriegsende. Entsprechende mehrwöchige Reisen nach Europa und Mexiko absolviert Schütz in den kommenden Jahren regelmäßig.

1947 Beginn der Ausarbeitung des sog. »Relevanzmanuskripts«.

1948 Schütz schreibt im Frühjahr und Sommer zwei unpubliziert gebliebene Studien über Goethes *Wilhelm Meister*.

1949 Mit Beginn des »Fall Term« erweitert Schütz seine Lehrtätigkeit an der *New School* auf zwei Veranstaltungen pro Semester. Felix Kaufmann stirbt am 23. Dezember in New York. Auf der Gedenkfeier für Kaufmann an der *New School* hält Schütz am 4. Januar 1950 die Rede.

1950 Am 12. April hält Schütz vor dem »General Seminar« der *New School* einen Vortrag über »T.S. Eliot's Theory of Culture«.

1951 Im Sommer weitere Ausarbeitung des »Relevanzmanuskripts«. Ab Herbst trifft Schütz sich wöchentlich mit Maurice Natanson, um ihm ein jeweils mehrstündiges Privatissimum in Phänomenologie zu geben.

1952 Schütz wird »Full Professor« an der *New School* für »Sociology and Social Psychology« und hält nun auch regelmäßig Kurse im »Philosophy Department«. Vom 15.-16. März Teilnahme an der 33. Konferenz des »Organizational Behavior Project« an der *Princeton University* über »Problems of Model Construction in the Social Sciences« und Präsentation der Arbeit »Common-Sense and Scientific Interpretation of Human Action«. Während dieser Konferenz intensive Gespräche mit Harold Garfinkel. Zwischen April und Oktober Ausarbeitung einer Übersetzung und partiell paraphrasierenden Zusammenfassung von Husserls *Ideen II* mit Maurice Natanson, die unpubliziert bleibt.

1953 Auf Einladung von Carl Hempel und Ernest Nagel referiert Schütz auf der »Conference on Methods in Philosophy and the Sciences« in New York am 3. Mai über »Concept and Theory Formation in the Social Sciences«. Titel und Problemstellung sind angeregt durch Nagels gleich lautenden Beitrag auf der APA-Tagung im Dezember 1952. Am 16. Dezember im »General Seminar« der *New School* Vortrag über »Don Quijote und das Problem der Realität«.

1954 Vom 30. August bis 3. September Teilnahme am »Fourteenth Symposium of the Conference on Science, Philosophy and Religion« an der *Harvard University* in Cambridge, Mass. Schütz trägt über »Symbol, Reality and Society« vor.

1955 Schütz' Mutter Johanna stirbt am 28. Februar in New York. Im Juni muss sich Schütz zu einem dreiwöchigen Aufenthalt ins Krankenhaus begeben. Ende August Teilnahme am »Fifteenth Symposium of the Conference on Science, Philosophy and Religion« an der *Columbia University* in New York und Vortrag über »Equality and the Meaning Structure of the Social World«.

1956 Schütz beendet sein berufliches Engagement im Bankbereich und damit sein über 35 Jahre währendes »Doppelleben« und widmet sich nun vollständig seiner Lehr- und Forschungstätigkeit. Pro Studienjahr bietet er ab jetzt jeweils drei Kurse in Philosophie und Soziologie an. Am 25. Januar im »General Seminar« der *New School* und am 14. April vor der New Yorker *Musicological Society* Vortrag über »Mozart und die Philosophen«. Im Juni/Juli Teilnahme am »Sixteenth Symposium of the Conference on Science, Philosophy and Religion«. Vom 27.-30. August Teilnahme an einem Workshop des *Mohonk Institute of Ethics*, dort intensive Zusammenarbeit mir Harold D. Lasswell.

1957 Am 18. Januar hält Schütz seinen Vortrag über »Mozart und die Philosophen« vor dem *Peabody Conservatory* in New York. Am 9. Februar Teilnahme an einer Tagung über »Determinism and Free

Will in the Age of Modern Science«. Auf dem Husserl gewidmeten internationalen phänomenologischen »Colloque de Royaumont« (bei Paris) vom 23.-30. April Vortrag über »Das Problem der transzendentalen Intersubjektivität bei Husserl«. Erste ernsthafte Anzeichen der Erkrankung. Im Herbst Fertigstellung des posthum publizierten Aufsatzes über die »Strukturen der Lebenswelt«. An der *New School* übernimmt Schütz die Leitung des »Philosophy Department«.

1958 Am 13. März referiert Schütz im Rahmen der »Thursday Discussion Group« des »Department of Philosophy« der *Columbia University* über »Teiresias oder unser Wissen von zukünftigen Ereignissen«. Von Anfang Juni bis Mitte September letztmaliger Europa-Aufenthalt mit Teilnahme am Internationalen Philosophie-Kongress in Venedig. Im »Fall Term« kann Schütz seine Lehrtätigkeit an der *New School* aus gesundheitlichen Gründen nicht mehr wahrnehmen. Vom 12.-27. August und 25. Oktober bis 14. November Niederschrift der fünf »Notizbücher«, die den Entwurf der geplanten zusammenfassenden Darstellung seiner Lebensweltttheorie unter dem Titel *Strukturen der Lebenswelt* bilden. Seinen kritischen Gesundheitszustand vor Augen arbeitet Schütz Anweisungen für die – wie er annimmt – ihm selbst nicht mehr mögliche Ausarbeitung dieser Disposition aus. Am 7. Dezember schreibt er sein letztes Manuskript mit dem Titel »Hic egregie progressus sum«. Ab Mitte Dezember nehmen seine gesundheitlichen Probleme dramatisch zu.

1959 Anfang Februar muss Schütz sich zwei Operationen unterziehen. Ab Mitte Februar erneuter Krankenhausaufenthalt für sechs Wochen. Im April erörtert Schütz mit Maurice Natanson die auf drei Bände geplante Edition seiner *Collected Papers*. Nach monatelangen schweren Herzproblemen aufgrund eines früheren unentdeckt gebliebenen Infarktes stirbt Alfred Schütz am 20. Mai in New York.

Personenindex

Sachindex

Danksagung

Gedankt sei an dieser Stelle Walter Sprondel, der mich mit dem Werk von Schütz erstmals vertraut machte, Constans Seyfarth für die kontinuierliche Erinnerung an die Bedeutung der Soziologiekonzeption Max Webers sowie Ilja Srubar, dessen Akzentuierung des pragmatischen Grundzuges von Schütz' Lebensweltanalyse für die hier vertretene Deutung wegweisend ist. Bernt Schnettler schließlich sei gedankt für die ebenso kompetente wie geduldige und umsichtige redaktionelle Betreuung des vorliegenden Bandes.

Zum Autor

Martin Endreß vertritt seit 2005 den Lehrstuhl für Allgemeine Soziologie mit dem Schwerpunkt makro-strukturelle Analyse an der Universität Wuppertal und ist Privatdozent am Institut für Soziologie der Universität Tübingen.

Weitere »Klassiker der Wissenssoziologie«:

Bernt Schnettler
Thomas Luckmann
2006, 158 Seiten, broschiert
ISBN 978-3-89669-545-1
Klassiker der Wissenssoziologie 1

Stephan Moebius
Marcel Mauss
2006, 156 Seiten, broschiert
ISBN 978-3-89669-546-8
Klassiker der Wissenssoziologie 2

In Vorbereitung: Anselm Strauss ... Robert E. Park ... Erving Goffman ... Michel Foucault ... Helmuth Plessner ... Karl Mannheim ... Harold Garfinkel ... Robert K. Merton ...

www.uvk.de

UVK

UVK bei UTB

Hermann Korte
Soziologie
2004, 192 Seiten, broschiert
ISBN 3-8252-2518-6

Hans Peter Henecka
Grundkurs Soziologie
8. überarb. Aufl.
2006, 240 Seiten, broschiert
ISBN 3-8252-1323-4

Rainer Diaz-Bone
Statistik für Soziologen
2006, 284 Seiten, broschiert
ISBN 3-8252-2782-0

Sabina Misoch
Online-Kommunikation
2006, ca. 220 Seiten, broschiert
ISBN 978-3-8252-2835-4

Werner Fuchs-Heinritz,
Alexandra König
Pierre Bourdieu
Eine Einführung
2005, 354 Seiten, broschiert
ISBN 3-8252-2649-2

Boike Rehbein
Die Soziologie Pierre Bourdieus
2006, 270 Seiten, broschiert
ISBN 3-8252-2778-2

Pierre Bourdieu et al.
Das Elend der Welt
Mit einem Vorwort von
Franz Schultheis
Gekürzte Studienausgabe
2005, 446 Seiten,
Großformat, broschiert
ISBN 3-8252-8315-1

Stephan Moebius,
Lothar Peter (Hg.)
Französische Soziologie der Gegenwart
2004, 492 Seiten, broschiert
ISBN 3-8252-2571-2

Matthias Grundmann
Sozialisation
Skizze einer allgemeinen Theorie
2006, 270 Seiten, broschiert
ISBN 3-8252-2783-9

Jörg Strübing,
Bernt Schnettler (Hg.)
Methodologie interpretativer Sozialforschung
Klassische Grundlagentexte
2004, 482 Seiten, broschiert
ISBN 3-8252-2513-5

UVK UTB

UVK bei UTB

Alfred Schütz
Strukturen der Lebenswelt
2003, 694 Seiten, broschiert
ISBN 3-8252-2412-0

Hubert Knoblauch
Wissenssoziologie
2005, 384 Seiten, broschiert
ISBN 3-8252-2719-7

Ronald Kurt
Hermeneutik
Eine sozialwissenschaftliche Einführung
2004, 280 Seiten, broschiert
ISBN 3-8252-2572-0

Hans-Georg Soeffner
Auslegung des Alltags – Der Alltag der Auslegung
Zur wissenssoziologischen Konzeption einer sozialwissenschaftlichen Hermeneutik
2004, 330 Seiten, broschiert
ISBN 3-8252-2519-4

Rainer Schützeichel
Soziologische Kommunikationstheorien
2004, 384 Seiten, broschiert
ISBN 3-8252-2623-9

Christian Etzrodt
Sozialwissenschaftliche Handlungstheorien
Eine Einführung
2003, 360 Seiten, broschiert
ISBN 3-8252-2411-2

Gregor Fitzi
Max Webers politisches Denken
2004, 304 Seiten, broschiert
ISBN 3-8252-2570-4

Helena Flam
Soziologie der Emotionen
Eine Einführung
2002, 318 Seiten, broschiert
ISBN 3-8252-2359-0

Peter-Ulrich Merz-Benz, Gerhard Wagner (Hg.)
Der Fremde als sozialer Typus
Klassische soziologische Texte zu einem aktuellen Phänomen
2002, 196 Seiten, broschiert
ISBN 3-8252-2358-2

UVK UTB